Impressum
Verlag: BABADADA GmbH, Nedderfeld 112 , 22529 Hamburg
Geschäftsführer / Verlagsleitung: Harald Hof
Druck: Books on Demand GmbH, In de Tarpen 42, 22848 Norderstedt

Imprint
Publisher: BABADADA GmbH, Nedderfeld 112 , 22529 Hamburg, Germany
Managing Director / Publishing direction: Harald Hof
Print: Books on Demand GmbH, In de Tarpen 42, 22848 Norderstedt, Germany

ကျောင်း

school

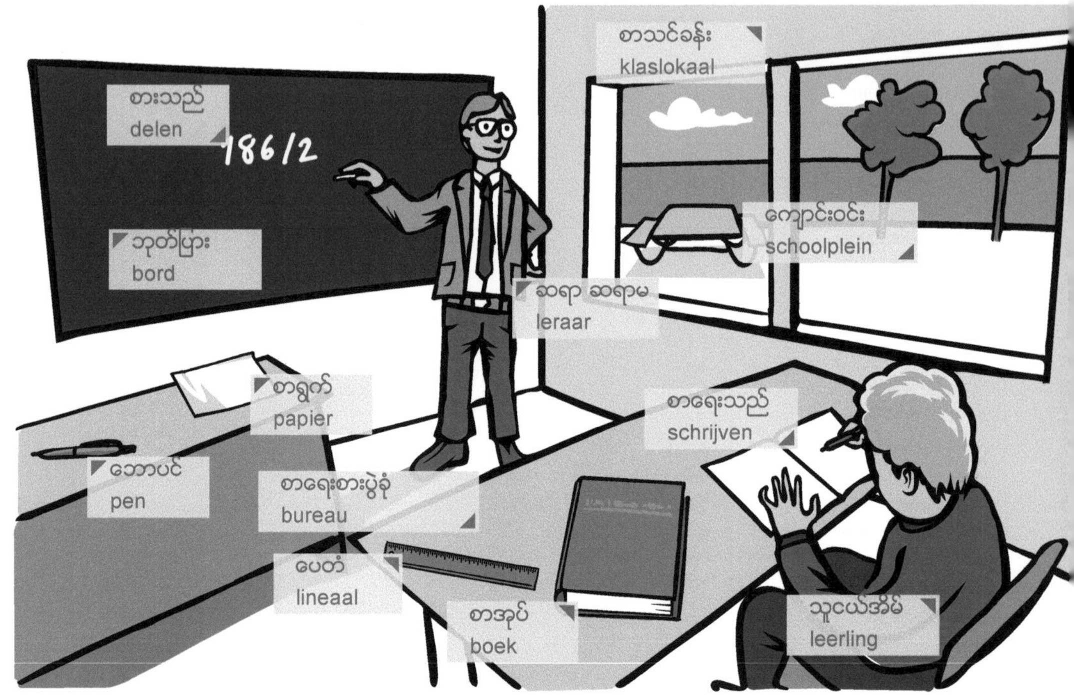

စာသင်ခန်း
klaslokaal
စားသည်
delen
186/2
ဘုတ်ပြား
bord
ကျောင်းဝင်း
schoolplein
ဆရာ ဆရာမ
leraar
စာရွက်
papier
စာရေးသည်
schrijven
ဘောပင်
pen
စာရေးစားပွဲခုံ
bureau
ပေတံ
lineaal
စာအုပ်
boek
သူငယ်အိမ်
leerling

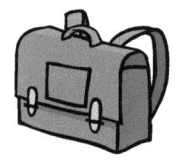

အဖုံးပါ ဘေးလွယ်အိတ်

schooltas

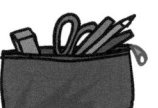

ခဲတံဘူး

etui

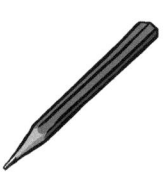

ခဲတံ

potlood

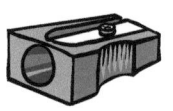

ချွန်စက်

puntenslijper

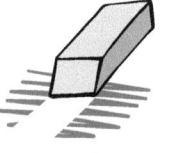

ခဲဖျက်

gum

ပုံဆွဲစာအုပ်

schetsblok

ပုံဆွဲခြင်း

tekening

ဆေးခြယ်သည့် စုပ်တံ

penseel

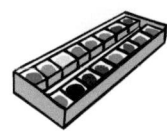

အရောင်စုံ ပုံး

verfdoos

ကပ်ကြေး

schaar

ကော်

lijm

လေ့ကျင့်ခန်းစာအုပ်

schrift

အိမ်စာ

huiswerk

12

နံပါတ်

getal

2+2

ပေါင်းသည်

optellen

5-2

နုတ်သည်

attrekken

2×2

မြှောက်သည်

vermenigvuldigen

တွက်ပါ

rekenen

A

စာ

letter

ABCDEFG HIJKLMN OPQRSTU VWXYZ

အက္ခရာ

alfabet

hello

စကားလုံး

woord

ဖတ်စာအုပ်
tekst

ဖတ်သည်
lezen

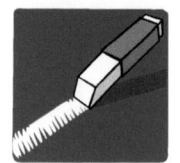

မြေဖြူ
krijt

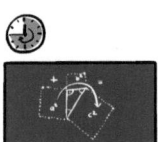

သင်္ခန်းစာ
les

ကျောင်းခေါ် ချိန်
မှတ်တမ်းစာအုပ်
klassenboek

စာမေးပွဲ
examen

အထောက်အထားလက်မှတ်
diploma

ကျောင်းဝတ်စုံ
schooluniform

ပညာရေး
opleiding

စွယ်စုံကျမ်း
encyclopedie

တက္ကသိုလ်
universiteit

အနီးကြည့်မှန်ပြောင်း
microscoop

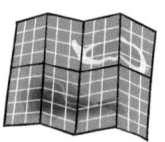

မြေပုံ
kaart

အမှိုက်စွန့်ပုံး
prullenmand

ခရီးသွားသည်

reis

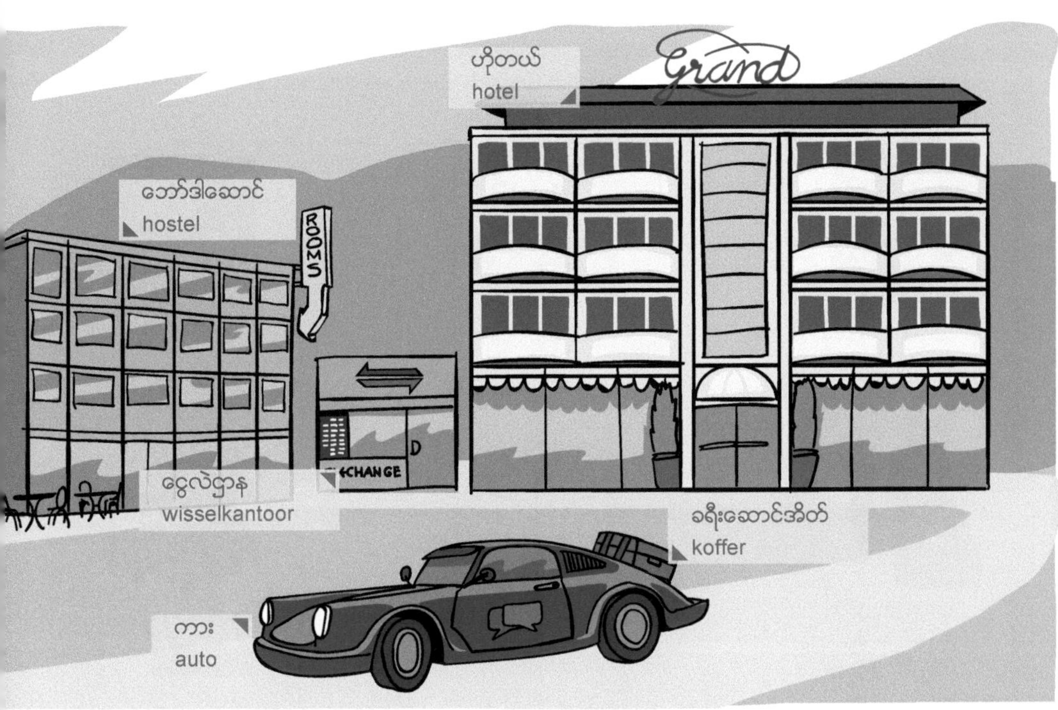

ဟိုတယ်
hotel
Grand
ဘော်ဒါဆောင်
hostel
ROOMS
ငွေလဲဌာန
wisselkantoor
CHANGE
ခရီးဆောင်အိတ်
koffer
ကား
auto

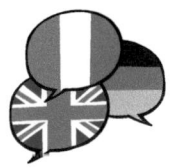

ဘာသာစကား

taal

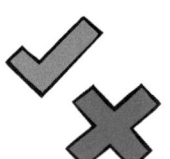

မှန် / မှား

ja / nee

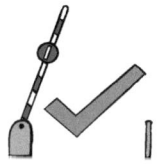

အိုကေ

oké

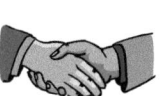

ဟယ်လို

Hallo!

ဘာသာပြန်

tolk

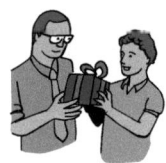

ကျေးဇူးတင်ပါတယ်

Bedankt.

......က ဘယ်လောက်လဲ။

Wat kost ...?

ကျွန်ုပ် နားမလည်ဘူး

Ik begrijp het niet.

ပြဿနာ

probleem

မင်္ဂလာ ညနေခင်းပါ။

Goedenavond!

မင်္ဂလာ နံနက်ခင်းပါ။

Goedemorgen!

မင်္ဂလာ ညပါ။

Goedenacht!

ဘိုင်းဘိုင်

Tot ziens!

ဦးတည်ရာ

richting

ခရီးဆောင်သေတ္တာ

bagage

အိတ်

tas

ကျောပိုးအိတ်

rugzak

ဧည့်သည်

gast

အခန်း

kamer

တစ်ကိုယ်စာအိပ်ယာလိပ်

slaapzak

ရွက်ထည်တဲ

tent

ခရီးသွားဧည့်သည်အတွက်
သတင်းအချက်အလက်

VVV-kantoor

ကမ်းခြေ

strand

အကြွေးဝယ်ကတ်

creditkaart

နံက်စာ

ontbijt

နေ့လည်စာ

lunch

ညစာ

diner

လက်မှတ်

kaartje

တတ်လှေကား

lift

တံဆိပ်ခေါင်း

postzegel

နယ်စပ်

grens

အခွန်များ

douane

သံရုံး

ambassade

ဗီဇာ

visum

နိုင်ငံကူးလက်မှတ်

paspoort

သယ်ယူပို့ဆောင်ရေး
transport

လေယာဉ်ပျံ
vliegtuig

သင်္ဘော
schip

မီးသတ်ကား
brandweerwagen

ဘတ်စ်ကား
bus

ထရပ်ကား
vrachtauto

မော်တော်ဘုတ်
motorboot

ကား
auto

စက်ဘီး
fiets

ဖယ်ရီသင်္ဘော
veerboot

လှေ
boot

မော်တော်ဆိုက်ကယ်
motorfiets

ရဲကား
politiewagen

ပြိုင်ကား
raceauto

စင်းလုံးငှားကား
huurauto

ကားဝေမျှသုံးစွဲခြင်း

carsharing

ပျက်နေသော ထရပ်ကား

takelwagen

အမှိုက်သယ်ယာဉ်

vuilniswagen

မော်တာ

motor

လောင်စာ

benzine

ဓာတ်ဆီဆိုင်

benzinepomp

လမ်းကြောပြ ဆိုင်းဘုတ်

verkeersbord

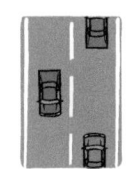

ယာဉ်အသွားအလာ

verkeer

လမ်းကြောပိတ်ဆို့မှု

file

ကားရပ်နားရာနေရာ

parkeerplaats

ရထားဘူတာရုံ

station

လမ်းကြောင်းများ

rails

ရထား

trein

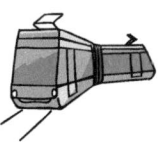

ဓာတ်ရထား

tram

ရထားလုံး

wagon

ဟယ်လီကော်ပီတာ

helikopter

လေဆိပ်

luchthaven

တာဝါ

toren

ခရီးသည်

passagier

ထည့်စရာပုံး

container

ကတ်ထူပုံး

verhuisdoos

လှည်း

kar

ခြင်း

mand

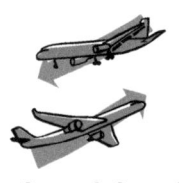

ထွက်ခွာ / ဆိုက်ရောက်

opstijgen / landen

မြို့တော်

stad

ကျေးရွာ

dorp

မြို့လယ်ခေါင်

stadscentrum

အိမ်

huis

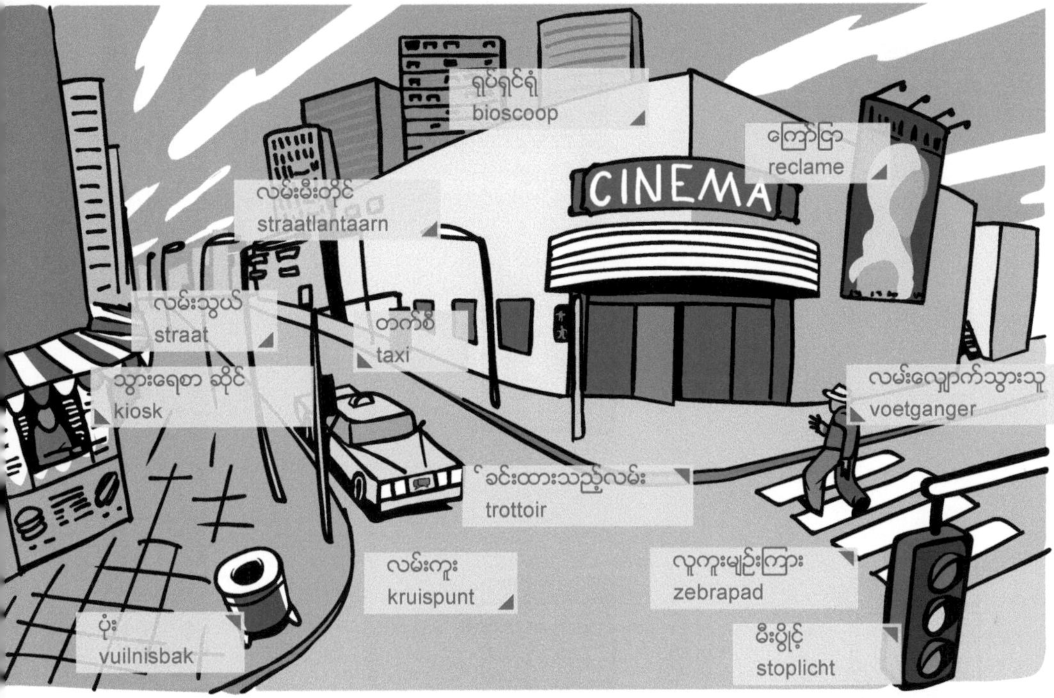

ရုပ်ရှင်ရုံ
bioscoop

ကြော်ငြာ
reclame

လမ်းမီးတိုင်
straatlantaarn

CINEMA

လမ်းသွယ်
straat

တက္ကစီ
taxi

သွားရေစာ ဆိုင်
kiosk

လမ်းလျှောက်သွားသူ
voetganger

ခင်းထားသည့်လမ်း
trottoir

လမ်းကူး
kruispunt

လူကူးမျဉ်းကြား
zebrapad

ပုံး
vuilnisbak

မီးပွိုင့်
stoplicht

တဲအိမ်

hut

နေအိမ်ခန်း

appartement

ရထားဘူတာရုံ

station

မြို့တော်ခန်းမ

stadhuis

ပြတိုက်

museum

ကျောင်း

school

တက္ကသိုလ်

universiteit

ဘဏ်

bank

ဆေးရုံ

ziekenhuis

ဟိုတယ်

hotel

ဆေးဆိုင်

apotheek

ရုံးခန်း

kantoor

စာအုပ်ဆိုင်

boekenwinkel

ဆိုင်

winkel

ပန်းရောင်းသူ၏

bloemenwinkel

စူပါမားကတ်

supermarkt

ဈေး

markt

ပစ္စည်းမျိုးစုံရောင်းသည့် စတိုးဆိုင်ကြီး

warenhuis

ငါးရောင်းသူ၏

visboer

ဈေးဝယ်စင်တာ

winkelcentrum

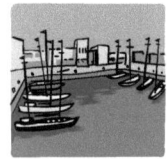

သင်္ဘောဆိပ်

haven

အနားယူပန်းခြံ

park

ထိုင်ခုံတန်း

bank

တံတား

brug

လှေကားထစ်များ

trap

မြေအောက်

metro

ဥမင်လိုင်ခေါင်း

tunnel

ဘတ်စ်ကားမှတ်တိုင်

bushalte

ဘား

bar

စားသောက်ဆိုင်

restaurant

စာတိုက်သေတ္တာ

brievenbus

လမ်းဆိုင်းဘုတ်

straatnaambord

ကားရပ်နားခ ကောက်ခံသည့် မီတာ

parkeermeter

တိရိစ္ဆာန်ရုံ

dierentuin

ရေကူးကန်

zwembad

ဗလီ

moskee

လယ်ယာ

boerderij

ညစ်ညမ်းမှု

vervuiling

သချႋင်းကုန်း

begraafplaats

ဘုရားရှိခိုးကျောင်း

kerk

ကစားကွင်း

speelplaats

ဘုရားကျောင်း

tempel

ရှုခင်း

landschap

သစ်ရွက် / blad

ဆိုင်းဘုတ် / wegwijzer

လမ်း / weg

မြက်ခင်း / weide

ကျောက်တုံး / steen

တောင်တက်သမား / wandelaar

သစ်ပင် / boom

မြစ် / rivier

မြက် / gras

ပန်း / bloem

တောင်ကြား

vallei

တောင်ကုန်း

berg

ရေကန်

meer

သစ်တော

bos

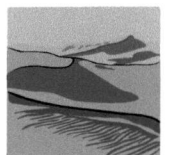

သဲကန္တာရ

woestijn

မီးတောင်

vulkaan

ရဲတိုက်

kasteel

သက်တန့်

regenboog

မှို

paddenstoel

ထန်းပင်

palmboom

ခြင်

mug

ပျံသန်းသည်

vlieg

ပုရွက်ဆိတ်

mier

ပျား

bij

ပင့်ကူ

spin

ပိုးတောင်မာ
kever

ဖား
kikker

ရှဉ့်
eekhoorn

ဖြူကောင်
egel

ယုန်
haas

ဇီးကွက်
uil

ငှက်
vogel

ငန်း
zwaan

တောဝက်
wild zwijn

သမင်
hert

ချိုပြားဒရယ်
eland

ဆည်
stuwdam

လေအားသုံး
လျှပ်စစ်ဓာတ်အားပေးစက်
windmolen

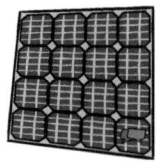

နေရောင်ခြည်ခံပြား
zonnepaneel

ရာသီဥတု
klimaat

စားသောက်ဆိုင်

restaurant

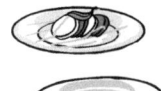

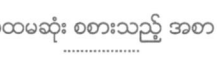

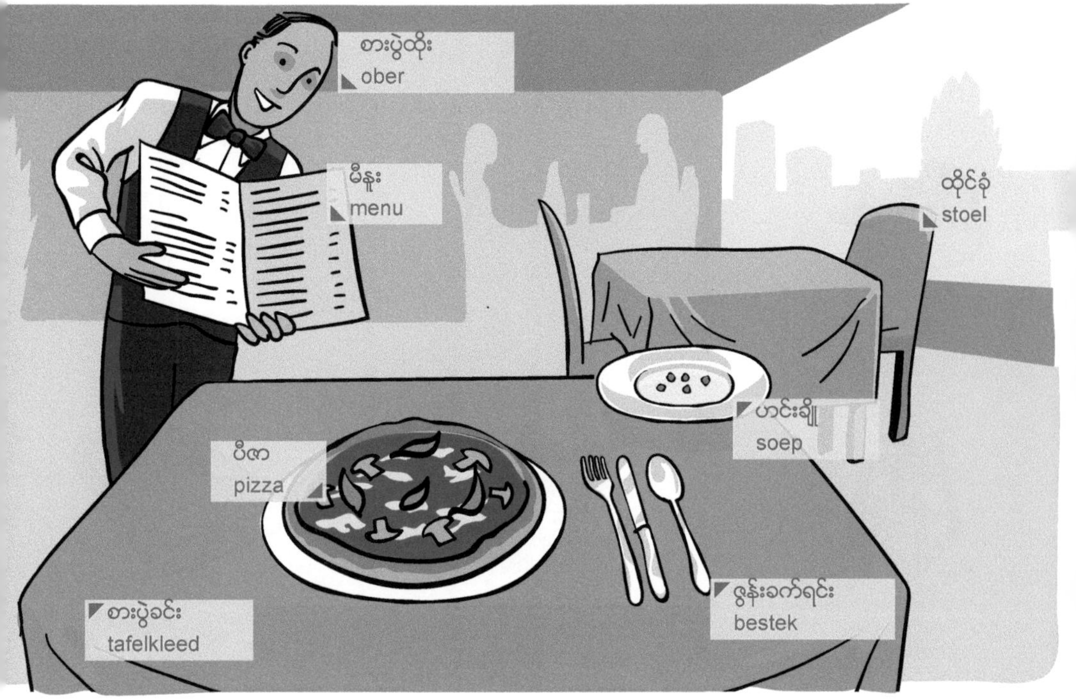
စားပွဲထိုး
ober
မီနူး
menu
ထိုင်ခုံ
stoel
ဟင်းချို
soep
ပီဇာ
pizza
ဇွန်းခက်ရင်း
bestek
စားပွဲခင်း
tafelkleed

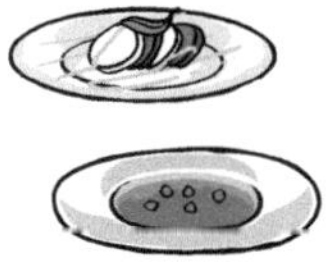

ပထမဆုံး စားသည့် အစာ

....

voorgerecht

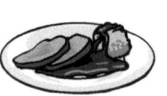

ပင်မ အစာ

....

hoofdgerecht

အချိုပွဲ

....

toetje

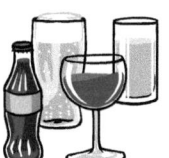

သောက်စရာများ

....

dranken

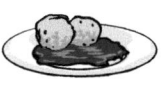

အစားအစာ

....

eten

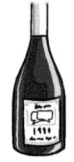

ပုလင်း

....

fles

အသင့်ပြင်ပြီးသား အစားအစာ
fastfood

လမ်းဘေးအစားအစာ
eetkraampje

လက်ဖက်ရည်အိုး သို့မဟုတ်
ရေနွေးကြမ်းအိုး
theepot

သကြားအိုး
suikerpot

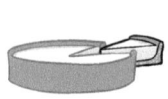

တစ်ယောက်စာ
portie

အက်စ်ပရက်ဆို ကော်ဖီစက်
espressomachine

ထိုင်ခုံအမြင့်
kinderstoel

ငွေတောင်းခံလွှာ
rekening

ပန်း
dienblad

ဓါး
mes

ခက်ရင်း
vork

ဇွန်း
lepel

လက်ဖက်ရည်ဇွန်း
theelepel

လက်သုတ်ပုဝါ
servet

ရေသောက်ဖန်ခွက်
glas

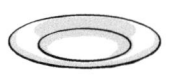

ပန်းကန်ပြား

bord

ဟင်းချို/ပန်းကန်ပြား

soepbord

ပန်းကန်ပြား

schotel

ဆော့စ်

saus

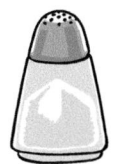

ဆားအိုး

zoutvaatje

ငရုတ်ကောင်း ချေစက်

pepermolen

ရှာလကာရည်

azijn

ဆီ

olie

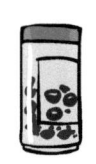 

ဟင်းခတ်အမွှေးအကြိုင်

kruiden

ခရမ်းချဉ်သီးဆော့စ်

ketchup

မုန်ညင်းဆီဆော့စ်

mosterd

မယ်ိုးနိစ်

mayonaise

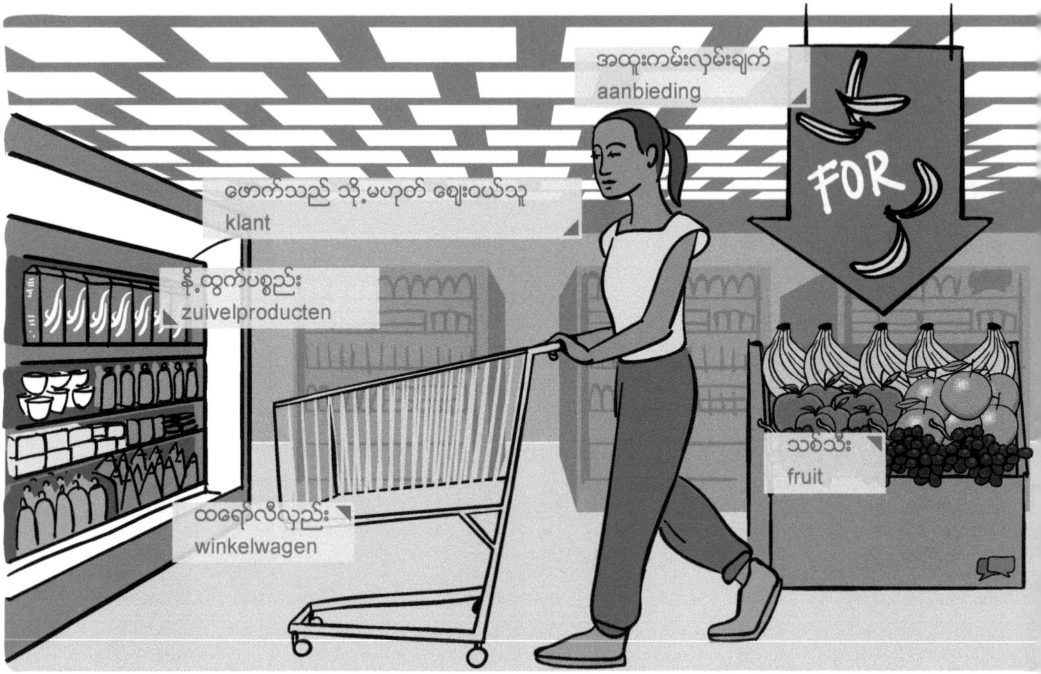

အထူးကမ်းလှမ်းချက်
aanbieding
FOR
ဖောက်သည် သို့မဟုတ် ဈေးဝယ်သူ
klant
နို့ထွက်ပစ္စည်း
zuivelproducten
သစ်သီး
fruit
ထရော်လီလှည်း
winkelwagen

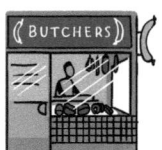

BUTCHERS

သားသတ်သမား၏

slager

BAKERY

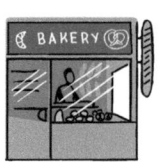

မုန့်ဖုတ်သမား၏

bakkerij

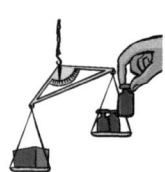

အလေးချိန်သည်

wegen

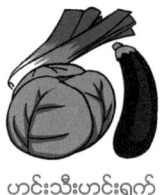

ဟင်းသီးဟင်းရွက်

groente

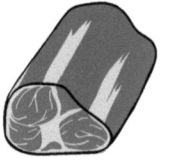

အသား

vlees

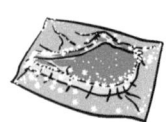

အေးခဲထားသည့် အစားအစာ

diepvriesproducten

ဆင်ထားသော အသားအေး

vleeswaren

သုံးဖူးသွပ် အစားအစာ

conserven

ဆပ်ပြာမှုန့်

wasmiddel

သကြားလုံးများ

snoepgoed

အိမ်သုံး ပစ္စည်းများ

huishoudelijke artikelen

သန့်ရှင်းရေး ပစ္စည်းများ

schoonmaakmiddel

ဈေးရောင်းသူ

verkoopster

အထိ

kassa

ငွေကိုင်

kassier

ဈေးဝယ်စာရင်း

boodschappenlijstje

ဖွင့်ချိန်နာရီများ

openingstijden

အိတ်ဆောင် ပိုက်ဆံအိတ်

portefeuille

အကြွေးဝယ်ကတ်

creditkaart

အိတ်

tas

ပလတ်စတစ်အိတ်

plastic zak

သောက်စရာများ

dranken

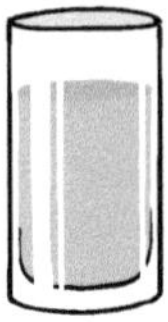

ရေ

water

သစ်သီးဖျော်ရည်

sap

နွားနို့

melk

ကိုကာကိုလာ

cola

ဝိုင်

wijn

ဘီယာ

bier

အရက်

alcohol

ကိုကိုးမှုန့်

chocolademelk

လက်ဖက်ရည် သို့မဟုတ်
ရေနွေးကြမ်း

thee

ကော်ဖီ

koffie

အက်စ်ပရက်ဆို ကော်ဖီ

espresso

ကပူချီနိုကော်ဖီ

cappuccino

ငှက်ပျောသီး
....
banaan

ပန်းသီး
....
appel

လိမ္မော်သီး
....
sinaasappel

ဖရဲသီးမျိုးဝင်
....
watermeloen

သံပုရိုသီး
....
citroen

မုန်လာဥနီ
....
wortel

ကြက်ညှန်ဖြူ
....
knoflook

မျှစ်
....
bamboe

ကြက်သွန်နီ
....
ui

မို့
....
paddenstoel

ပဲစေ့များ
....
noten

ခေါက်ဆွဲ
....
pasta

စပါဂတီ ခေါ် အီတလီ ခေါက်ဆွဲ

spaghetti

ထမင်း

rijst

ဆလပ်ရွက်သုတ်

salade

အကြွပ်ကြော်များ

friet

အာလူးကြော်

gebakken aardappelen

ပီဇာ

pizza

ဟမ်ဘာဂါ

hamburger

အသားညှပ်ပေါင်မုန့်

sandwich

ကတ်တလိပ်

schnitzel

ဝက်ပေါင်ခြောက်

ham

ဆလာမီ

salami

ဝက်အူချောင်း

worst

ကြက်သား

kip

ရို့စ်လုပ်ခြင်း

gebraad

ငါး

vis

24

ကွေကာအုတ်

havermout

မျိုးစလီ

muesli

ပြောင်းဆွေပြား

cornflakes

ဂျုံမုန့်

meel

ခရာဆွန်း ခေါ်
ပြင်သစ်ပေါင်မုန့်တစ်မျိုး

croissant

ပေါင်မုန့်လိပ်

broodjes

ပေါင်မုန့်

brood

ပေါင်မုန့်မီးကင်

toast

ဘီစကစ်

koekjes

ထောပတ်

boter

ဒိန်ခဲ

kwark

ကိတ်မုန့်

taart

ဥ

ei

ဥကြော်

gebakken ei

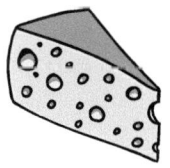

ချိစ်

kaas

ရေခဲမုန့်
ijs

သကြား
suiker

ပျားရည်
honing

ယို
jam

ယိုသုတ်စားသည့် ချောကလက်
chocoladepasta

ဟင်း
kerrie

လယ်ယာ
boerderij

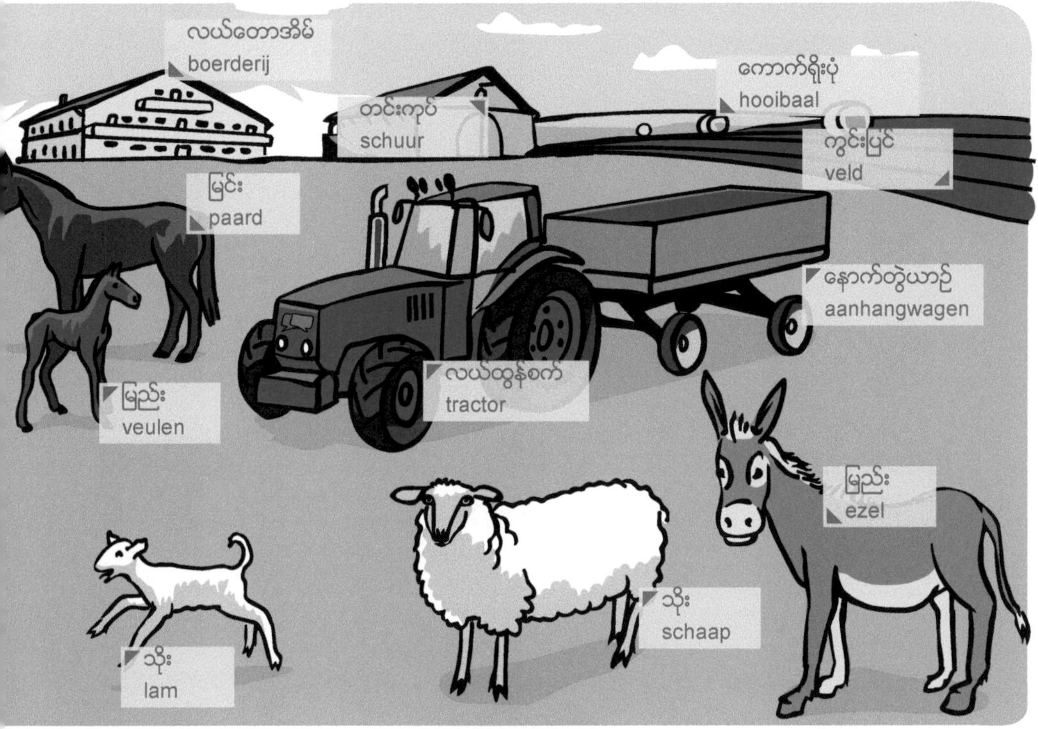
လယ်တောအိမ်
boerderij
တင်းကုပ်
schuur
ကောက်ရိုးပုံ
hooibaal
ကွင်းပြင်
veld
မြင်း
paard
နောက်တွဲယာဉ်
aanhangwagen
လယ်ထွန်စက်
tractor
မြည်း
veulen
မြည်း
ezel
သိုး
schaap
သိုး
lam

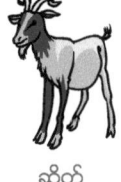

ဆိတ်
....
geit

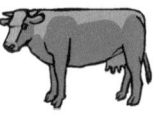

နွားမ
....
koe

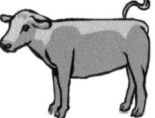

နွားလေး
....
kalf

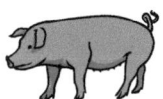

ဝက်
....
varken

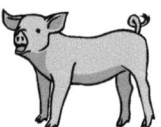

ဝက်ကလေး
....
big

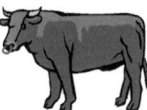

နွားထီး
....
stier

ဘဲငန်း

gans

ဘဲ

eend

ကြက်ပေါက်ကလေး

kuiken

ကြက်မ

kip

ကြက်ဖ

haan

ကြွက်

rat

ကြောင်

kat

ကြွက်ကလေး

muis

နွားထီး

os

ခွေး

hond

ခွေးအိမ်

hondenhok

ပန်းခြံရေပိုက်

tuinslang

ရေလောင်းသည့်ခွက်

gieter

တံစဉ်အပြားကြီး

zeis

ထယ်

ploeg

လယ်ယာ - boerderij

တံစဉ်
sikkel

ပေါက်ပြား
schoffel

ကောက်ဆွ
hooivork

ပေါက်ချွန်း
bijl

ဘီးတပ် လက်တွန်းလှည်း
kruiwagen

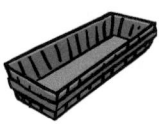

စားခွက်
trog

နို့ဘူး
melkbus

အိတ်
zak

ခြံစည်းရိုး
hek

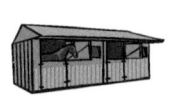

မြင်းဇောင်း
stal

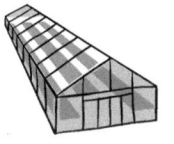

မှန်လုံအိမ်
broeikas

မြေကြီး
grond

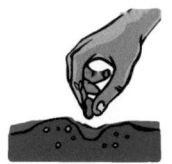

အစေ့
zaad

မြေသြဇာ
mest

စုပေါင်း ရိတ်သိမ်းသူ
maaidorser

ရိတ်သိမ်းသည်

oogsten

ရိတ်သိမ်းသည်

oogst

ပီလောပိန်

yam

ဂျုံ

tarwe

ပဲပုပ်

soja

အာလူး

aardappel

ပြောင်း

maïs

နံစားပြောင်းဆီ

koolzaad

အသီးပင်

fruitboom

ပီလောပိန်

maniok

စီရီရယ် ခေါ် နံနက်စာတစ်မျိုး

granen

အိမ်

huis

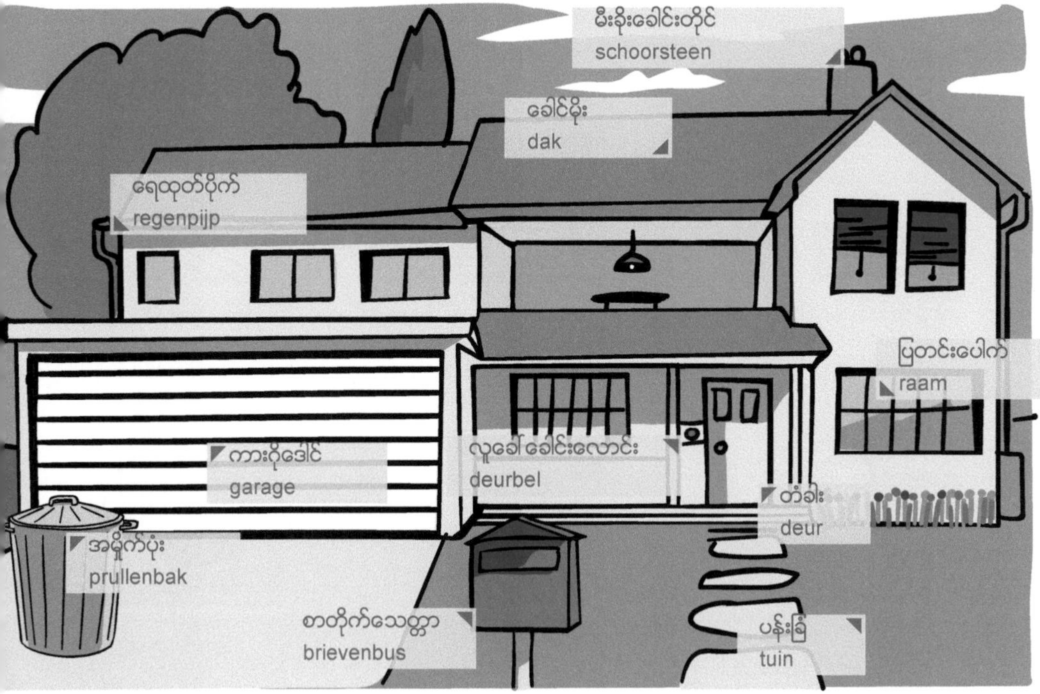

မီးခိုးခေါင်းတိုင်
schoorsteen
ခေါင်မိုး
dak
ရေထုတ်ပိုက်
regenpijp
ပြတင်းပေါက်
raam
ကားဂိုဒေါင်
garage
လူခေါ်ခေါင်းလောင်း
deurbel
တံခါး
deur
အမှိုက်ပုံး
prullenbak
စာတိုက်သေတ္တာ
brievenbus
ပန်းခြံ
tuin

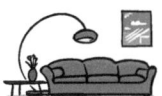

ဧည့်ခန်း
woonkamer

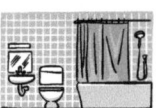

ရေချိုးခန်း
badkamer

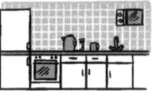

မီးဖိုချောင်
keuken

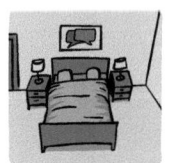

အိပ်ခန်း
slaapkamer

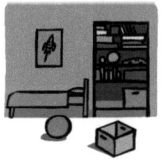

ကလေး အခန်း
kinderkamer

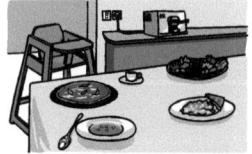

ထမင်းစားခန်း
eetkamer

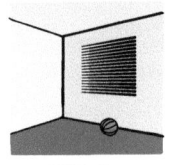

ကြမ်းပြင်
vloer

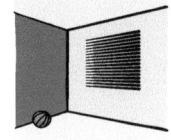

နံရံ
muur

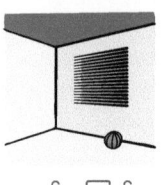

မျက်နှာကြက်
plafond

မြေအောက်ခန်း
kelder

ချွေးထုတ်ခန်း
sauna

ဝရန်တာ
balkon

ဝရန်တာ
terras

ရေကူးကန်
zwembad

မြက်ရိတ်စက်
grasmaaier

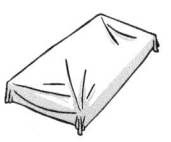

အချပ်
laken

အိပ်ယာခင်း
bedsprei

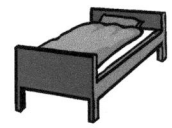

အိပ်ယာ
bed

တံမြက်စည်း
bezem

ရေပုံး
emmer

မီးခလုတ်
schakelaar

ဧည့်ခန်း

woonkamer

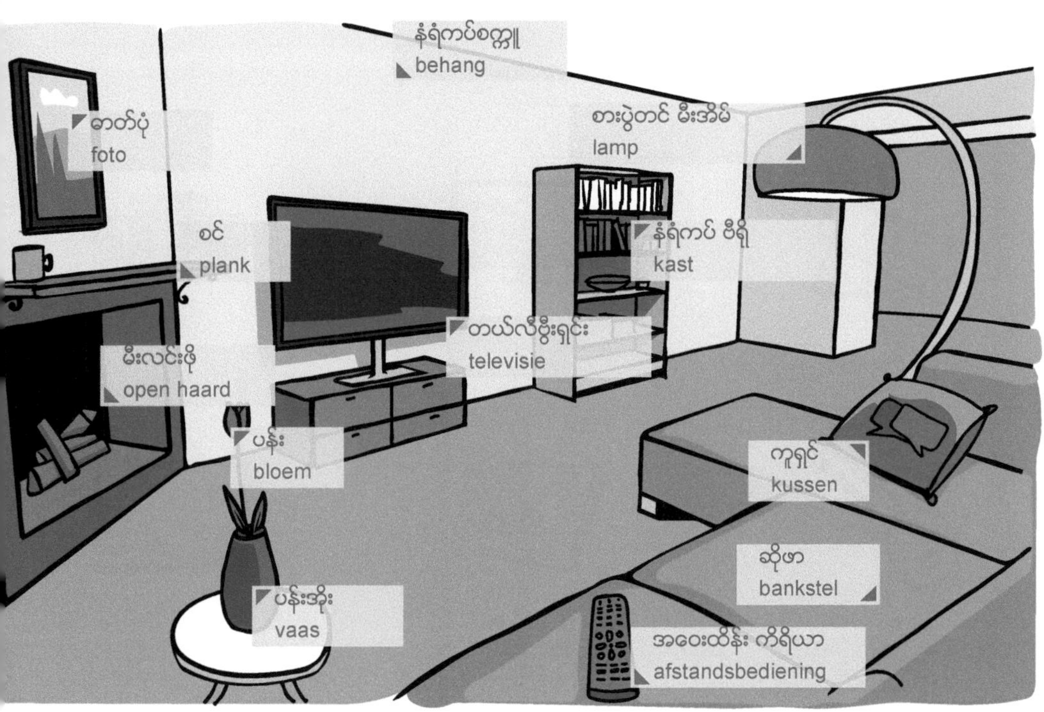

နံရံကပ်စက္ကူ
behang
ဓာတ်ပုံ
foto
စားပွဲတင် မီးအိမ်
lamp
စင်
plank
နံရံကပ် ဗီရို
kast
တယ်လီဗွီးရှင်း
televisie
မီးလင်းဖို
open haard
ပန်း
bloem
ကူရှင်
kussen
ဆိုဖာ
bankstel
ပန်းအိုး
vaas
အဝေးထိန်း ကိရိယာ
afstandsbediening

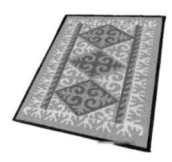

ကော်ဇော

tapijt

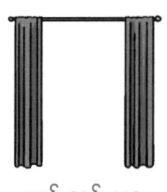

ကန့်လန့်ကာ

gordijn

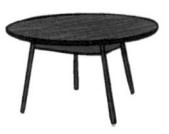

စားပွဲခုံ သို့မဟုတ် ဇယား

tafel

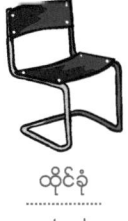

ထိုင်ခုံ

stoel

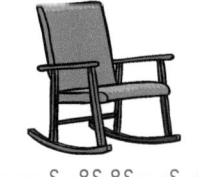

ရှေ့နောက် ယိမ်းနိုင်သည့် ထိုင်ခုံ

schommelstoel

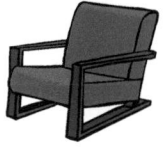

လက်တင်ထိုင်ခုံ

stoel

စာအုပ်

boek

စောင်

deken

အပြင်အဆင်

decoratie

ထင်း

brandhout

ဖလင် သို့ မဟုတ် ရုပ်ရှင်

film

ဟိုင်ဖိုင် ကိရိယာ

stereo-installatie

သော့

sleutel

သတင်းစာ

krant

ပန်းချီကား

schilderij

ပိုစတာ

poster

ရေဒီယို

radio

မှတ်စုစာရွက်အုပ်

kladblok

ဖုံစုပ်စက်

stofzuiger

ရှားစောင်းပင်

cactus

ဖယောင်းတိုင်

kaars

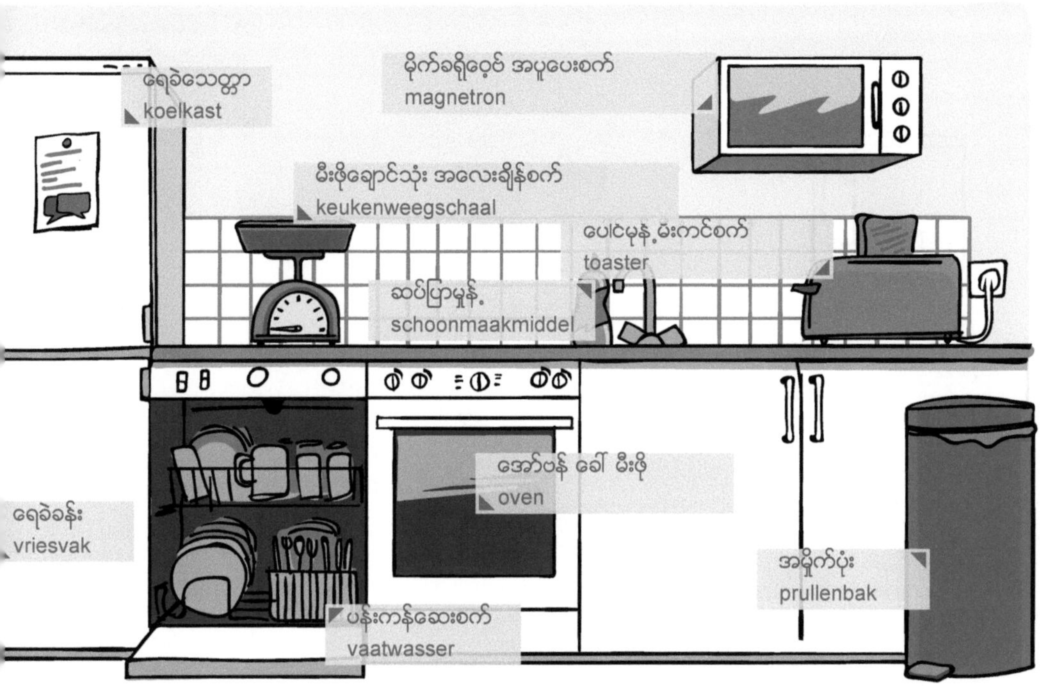

ရေခဲသေတ္တာ
koelkast

မိုက်ခရိုဝေ့ဗ် အပူပေးစက်
magnetron

မီးဖိုချောင်သုံး အလေးချိန်စက်
keukenweegschaal

ပေါင်မုန့် မီးကင်စက်
toaster

ဆပ်ပြာမှုန့်
schoonmaakmiddel

ရေခဲခန်း
vriesvak

အော်ပန် ခေါ် မီးဖို
oven

အမှိုက်ပုံး
prullenbak

ပန်းကန်ဆေးစက်
vaatwasser

လျှပ်စစ် ချက်ပြုတ်အိုး
fornuis

အိုး
pan

သံအိုးကြီး
gietijzeren pan

မွှေကြော်သည့် ဒယ်အိုးကြီး /
ကာဒိုင်း
wok / kadai

ဒယ်အိုး
koekenpan

ရေနွေးတည်သည့်အိုး
ketel

ပေါင်းစက်

stoomkoker

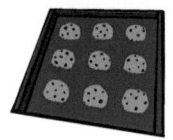

မုန့်ဖုတ်သည့် ပန်း

bakplaat

ကြွေပန်းကန်ပြား ခွက်ယောက်

servies

မတ်ခွက်

beker

ဇလုံပန်းကန်

kom

အစားစားသည့်တူများ

eetstokjes

ယောက်ချို

soeplepel

မွှေသည့်အတံ

spatel

ခေါက်တံ

garde

စစ်သည့် အရာ

vergiet

စကာ

zeef

ခြစ်သည့်ကိရိယာ

rasp

ပြုပ်ဆုံ

vijzel

ဘာဘီကျူးကင်

barbecue

ထင်းမီးဖို

vuurhaard

စင်းနီးတုံး

snijplank

လည်နေသောပင်

deegroller

ဖော့ဆို့

kurkentrekker

သံဖူး

blik

သံဖူးဖောက်တံ

blikopener

အိုးတင်သည့်အရာ

pannenlap

ရေဆေးသည့် နေရာ

wasbak

စုပ်တံ

borstel

ရေမြုပ်

spons

မွှေသည့်စက်

blender

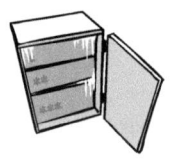

အေးခဲသည့် ရေခဲခန်း

vriezer

ကလေးနို့ဗူး

babyflesje

ရေပိုက်ခေါင်း

kraan

badkamer

အပူပေးခြင်း
verwarming

ရေပန်း
douche

မျက်နှာသုတ်ပုဝါ
handdoek

ရေချိုးခန်းကန့်လန့်ကာ
douchegordijn

ရေစိမ်ချိုးရန် ရေမြှုပ်ဆပ်ပြာရည်
bubbelbad

ရေစိမ်ချိုးသည့်ကန်
bad

ရေသောက်ဖန်ခွက်
glas

အဝတ်လျှော်စက်
wasmachine

ရေပိုက်ခေါင်း
kraan

ကျောက်ပြားများ
tegels

အပေါ့အလေး စွန့်သည့်အိုး
potje

ရေဆေးသည့် နေရာ
wasbak

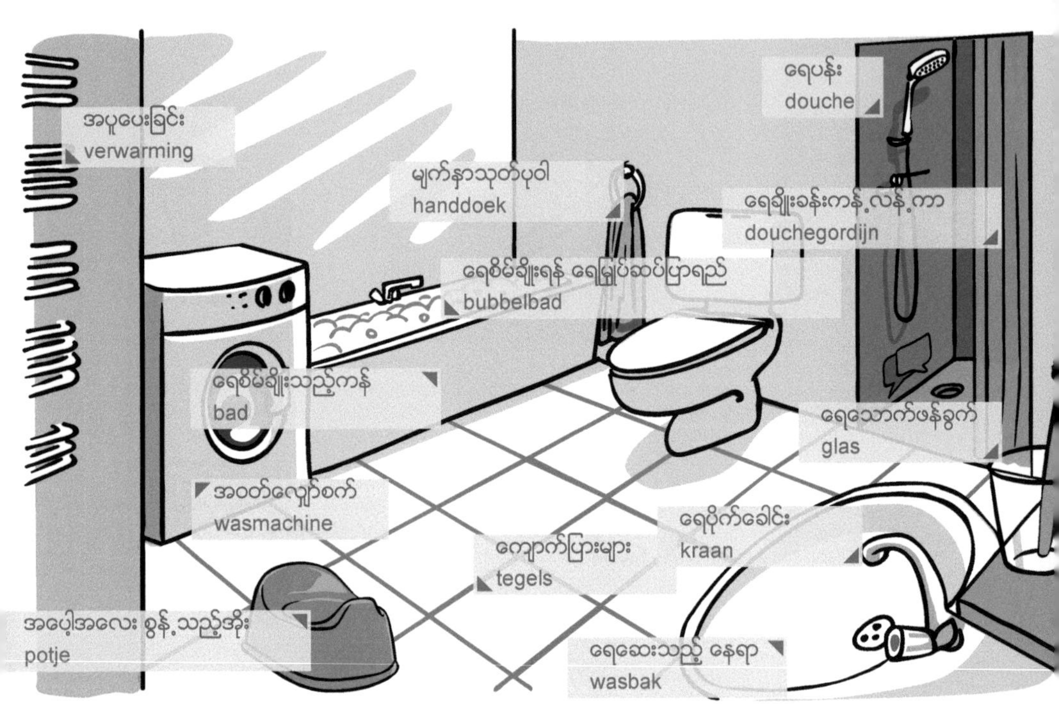

အိမ်သာ
·················
toilet

ဆောင့်ကြောင့်ထိုင်ရသည့်
အိမ်သာ
·················
hurktoilet

အမျိုးသမီးသုံး
အောက်ပိုင်းဆေးသည့် ကမုတ်
bidet

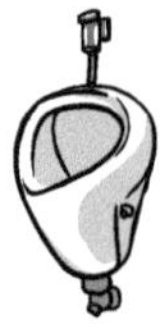

အမျိုးသား ဆီးသွားသည့်ကမုတ်
·················
urinoir

အိမ်သာသုံး စက္ကူ
·················
toiletpapier

အိမ်သာတိုက် ဘရပ်ရှ်
·················
toiletborstel

သွားတိုက်တံ

tandenborstel

သွားတိုက်ဆေး

tandpasta

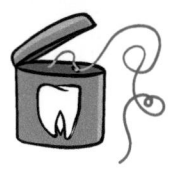

သွား ချေးထုတ်သည့် ကြိုး

flosdraad

ဆေးကြောသည်

wassen

လက်ကိုင် ရေပန်း

handdouche

ရေပန်းဖြင့်ရေချိုးခြင်း

toiletdouche

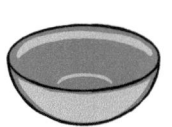

ရေအင်တုံ

waskom

နောက်ကျော ချေးတွန်းသည့် ဘရပ်ရှ်

rugborstel

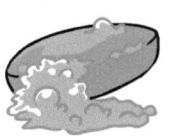

ဆပ်ပြာ

zeep

ရေချိုးဆောင်ပြာရည်

douchegel

ခေါင်းဇလျှော်ရည်

shampoo

ဖလန်နယ်စ

washanje

ရေထွက်ပေါက်

afvoer

ခရင်မ်

creme

ဒီအော်ဒရန့် ခေါ် ကိုယ်လိမ်းအမွှေးနံ့သာ

deodorant

မှန်

spiegel

လက်ကိုင်မှန်

make-upspiegel

မုတ်ဆိတ်ရိတ်တံ

scheermes

မုတ်ဆိတ်ရိတ်ရန် အမြှုပ်

scheerschuim

မုတ်ဆိတ်ရိတ်ပြီး
လိမ်းသည့်အမွှေးနံ့သာ

aftershave

ခေါင်းဘီး

kam

ဘရပ်ရှ့

borstel

ဆံပင်ခြောက်စက်

haardroger

ဆံပင်ဖြန်းဆေး

haarspray

မိတ်ကပ်

make-up

နှုတ်ခမ်းဆိုးဆေး

lippenstift

လက်သည်းဆိုးဆေး

nagellak

ဝွမ်းလုံး

watten

လက်သည်းညှပ် ကပ်ကြေး

nagelschaartje

ရေမွှေး

parfum

ရေချိုးခန်းသုံး အိတ်
toilettas

ခွေးခြေ
kruk

ကိုယ်အလေးချိန်တိုင်းသည့်စက်
weegschaal

ရေချိုးပြီး ဝတ်သည့်ဝတ်ရုံ
badjas

ရာဘာ လက်အိတ်များ
rubber handschoenen

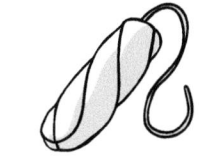

တန်ပွန် ခေါ် ဓမ္မတာလာစဉ် မိန်း
မကိုယ်တွင်းထည့်သည့်အရာ
tampon

အမျိုးသမီး လစဉ်သုံးပုဝါစ
maandverband

တံတုပစ္စည်းထည့်သုံးသည့်
အိမ်သာ
chemisch toilet

ကလေး အခန်း

kinderkamer

နှိုးစက်
wekker
ဖက်အိပ်သည့်အရုပ်
knuffeldier
အရုပ်ကား
speelgoedauto
ခလောက်
rammelaar
အရုပ်မအိမ်
poppenhuis
လက်ဆောင်
cadeau

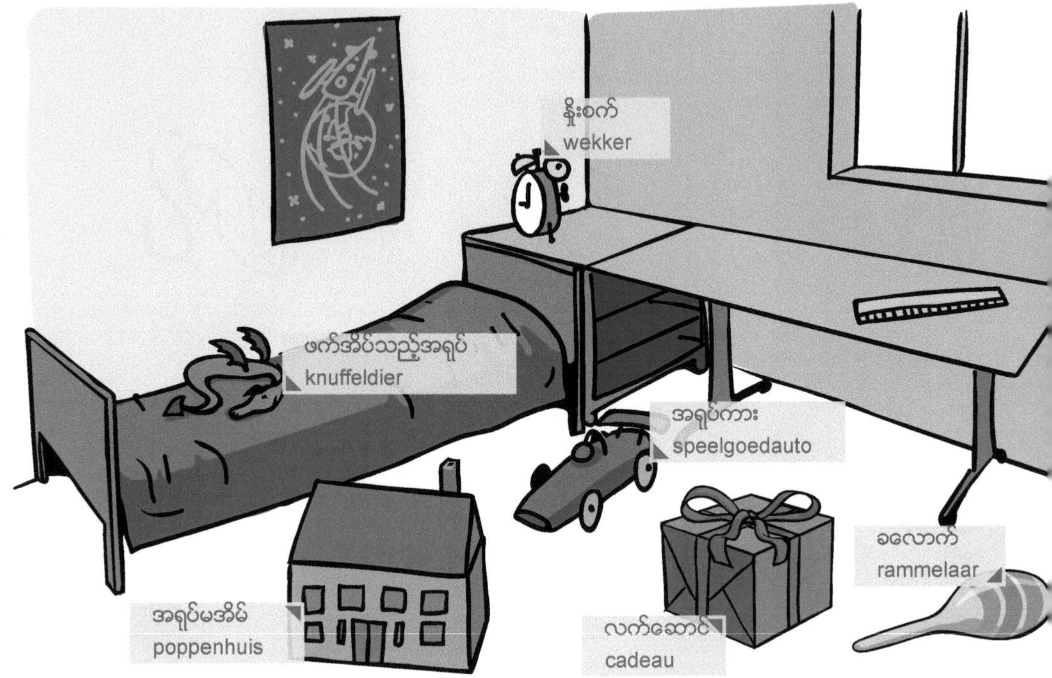

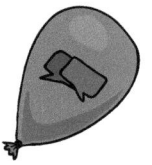

ပူဖောင်း

ballon

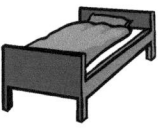

အိပ်ယာ

bed

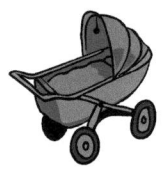

ကလေးတွန်းလှည်း

kinderwagen

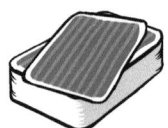

ကစားသည့်ကတ်ထုပ်

kaartspel

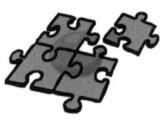

ဂျစ်ဆော ခေါ်
ဆက်၍ကစားသည့်
အပိုင်းအစများ

puzzel

SUPER
MEGA

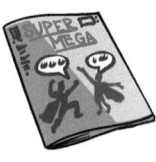

ရုပ်ပြစာအုပ်

stripverhaal

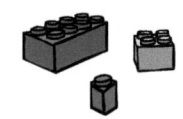

ဆောက်၍ကစားသည့် လေဂို
အတုံးများ
legostenen

ဆောက်၍ကစားသည့်
အတုံးများ
speelgoedblokken

လှုပ်ရှားလုပ်ကိုင်သူ
actiefiguurtje

ဘောဝီဂရိုး
romper

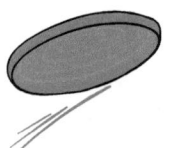

ဖရစ်ဘီး ခေါ် ပစ်၍ ကစားသည့်
အပြား
frisbee

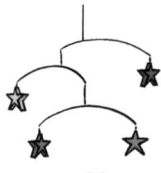

ရွေ့လျားနိုင်သော
mobile

တ်ပြားပေါ် တွင် ကစားနည်း
bordspel

အံစာတုံး
dobbelsteen

ကစားစရာ ရထား အစုံမော်ဒယ်
modeltrein

အရုပ်
speen

ပါတီ
feestje

ရုပ်ပြစာအုပ်
prentenboek

ဘောလုံး
bal

အရုပ်မ
pop

ကစားသည်
spelen

ကစားသည့် သဲပုံး

zandbak

ဒန်း

schommel

အရုပ်များ

speelgoed

ဗွီဒီယိုဂိမ်းကစားသည့် စက်

spelcomputer

သုံးဘီး စက်ဘီး

driewieler

တက်ဒီ ဝက်ဝံရုပ်

teddybeer

အဝတ်ဗီရို

kleerkast

အဝတ်အစား

kleding

ခြေအိတ်များ

sokken

အမျိုးသမီးဝတ် ခြေအိတ်ရှည်

kousen

အမျိုးသမီး ခြေအိတ်အကြပ်

panty

ပုဝါ
sjaal

ခါးပတ်
riem

ထီး
paraplu

တီရှပ်
T-shirt

ဘွတ်ဖိနပ်များ
laarzen

ခြေညှပ်ဖိနပ်များ
pantoffels

အားကစားဖိနပ်များ
sportschoenen

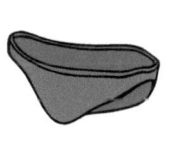

ခြေစွပ် နောက်ပိတ်ဖိနပ်
....
sandalen

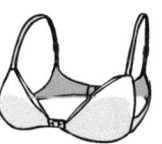

ရှူးဖိနပ်များ
....
schoenen

ရာဘာ ဘွတ်ဖိနပ်များ
....
rubberlaarzen

အောက်ခံ အဝတ်များ
....
onderbroek

ဘရာဇီယာ
....
beha

အပေါ်ထပ် လက်ပြတ်အကျီ
....
onderhemd

ကိုယ်ခန္ဓာ

body

ဘောင်းဘီရှည်

broek

ဂျင်းဘောင်းဘီ

spijkerbroek

စကပ်

rok

ဘလောက်စ်အင်္ကျီ

blouse

ရှပ်အင်္ကျီ

overhemd

ခေါင်းစွပ်အင်္ကျီ

trui

ခေါင်းစွပ်ပါ အင်္ကျီ

hoody

ဘလေဇာကုတ်အင်္ကျီ

blazer

ဂျက်ကတ်အင်္ကျီ

jas

ကုတ်အင်္ကျီ

mantel

မိုးကာ ကုတ်အင်္ကျီ

regenjas

ဝတ်စုံ

kostuum

ဂါဝန်

jurk

လက်ထပ် ဝတ်စုံ

trouwjurk

အနောက်တိုင်းဝတ်စုံပြည့်

pak

ညအိပ်အင်္ကျီ

nachthemd

ညအိတ်ဝတ်စုံ

pyjama

ဆာရီ

sari

ခေါင်းအုပ်ပုဝါ

hoofddoek

တာဘန် ခေါ် ခေါင်းပေါင်း

tulband

ဘာကာခေါ်
အမျိုးသမီးခေါင်းအုပ်

boerka

ကာ့ဖ်တန် ခေါ်
အမျိုးသားဝတ်ဘောင်းဘီ

kaftan

အဘာယာ ခေါ် မွတ်ဆလင်
အမျိုးသမီးဝတ်အင်္ကျီ

abaja

ရေကူးဝတ်စုံ

zwempak

အဂက်ဖောတ္တာ

zwembroek

ဘောင်းဘီတို

korte broek

အားကစားဝတ်စုံ

trainingspak

ခါးစည်း အဝတ်

schort

လက်အိတ်များ

handschoenen

ကြယ်သီး

knoop

မျက်မှန်

bril

လက်ကောက်

armband

လည်ဆွဲ

ketting

လက်စွပ်

ring

နားကပ်

oorbel

ခေါင်းဆောင်း ဦးထုပ်

pet

ကုတ်အင်္ကျီ ချိတ်

kledinghanger

ဦးထုပ်

hoed

နက်တိုင်

stropdas

ဇစ်

rits

ဟဲလ်မက်ခေါ် ခေါင်းဆောင်း

helm

သွားထိန်းများ

bretels

ကျောင်းဝတ်စုံ

schooluniform

ယူနီဖောင်းဝတ်စုံ

uniform

သွားရည်ခံ
slabbetje

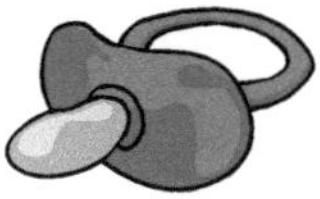

အရုပ်
speen

ကလးအနီး
luier

ရုံးခန်း
kantoor

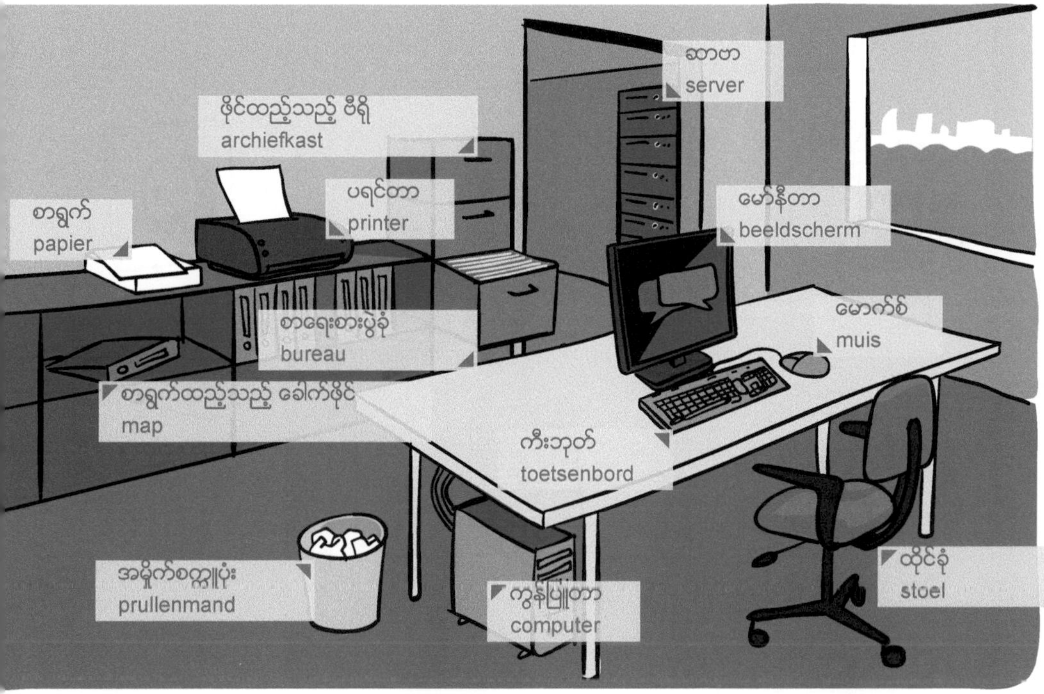

ဆာဗာ
server

ဖိုင်ထည့်သည့် ဗီရို
archiefkast

ပရင်တာ
printer

မော်နီတာ
beeldscherm

စာရွက်
papier

စာရေးစားပွဲခုံ
bureau

မောက်စ်
muis

စာရွက်ထည့်သည့် ခေါက်ဖိုင်
map

ကီးဘုတ်
toetsenbord

အမှိုက်စက္ကူပုံး
prullenmand

ထိုင်ခုံ
stoel

ကွန်ပျူတာ
computer

ကော်ဖီ မတ်ခွက်
koffiemok

ဂဏန်းတွက်စက်
rekenmachine

အင်တာနက်
internet

ပေါင်ပေါ် တင်ရှိက်နိုင်သည့်
ကွန်ပျူတာ

laptop

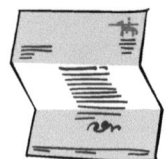

စာ

brief

မက်ဆေ့ချ်

bericht

မိုဘိုင်းဖုန်း

mobiele telefoon

ကွန်ရက်

netwerk

မိတ္တူကူးစက်

kopieermachine

ဆော့ဖ်ဝဲရ်

software

တယ်လီဖုန်း

telefoon

ပလပ်ပေါက်

stopcontact

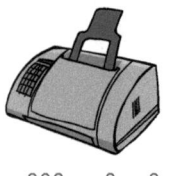

ဖက်စ်ပို့သည့် စက်

fax

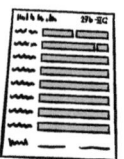

ပုံစံ

formulier

စာရွက်စာတမ်း

document

ဝယ်ယူသည်
kopen

ပေးအပ်သည်
betalen

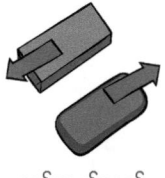

ကုန်သွယ်သည်
handel drijven

ပိုက်ဆံ
geld

USD

ဒေါ်လာ
dollar

EUR

ယူရိုငွေ
euro

JPY

ယန်းငွေ
yen

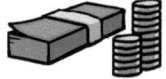

RUB

ရူဘယ်ငွေ
roebel

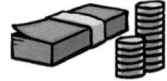

CHF

ဆွစ်ဇာလန်နိုင်ငံသုံးငွေ
Zwitserse frank

CNY

ရမ်မင်ဘီ ယွမ်
renminbi yuan

INR

ရူပီး
roepie

ငွေဖလှယ်သည့်ဖြစ်ရာ
geldautomaat

ငွေလဲလှယ်ဌာန

wisselkantoor

ရွှေ

goud

ငွေ

zilver

ဆီ

olie

စွမ်းအင်

energie

ဈေးနှုန်း

prijs

စာချုပ်

contract

အခွန်

belasting

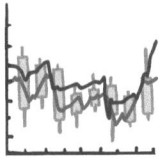

စတော့ဈေးကွက်

aandeel

အလုပ်လုပ်သည်

werken

ဝန်ထမ်း

werknemer

အလုပ်ရှင်

werkgever

စက်ရုံ

fabriek

ဆိုင်

winkel

အလုပ်အကိုင်များ
beroepen

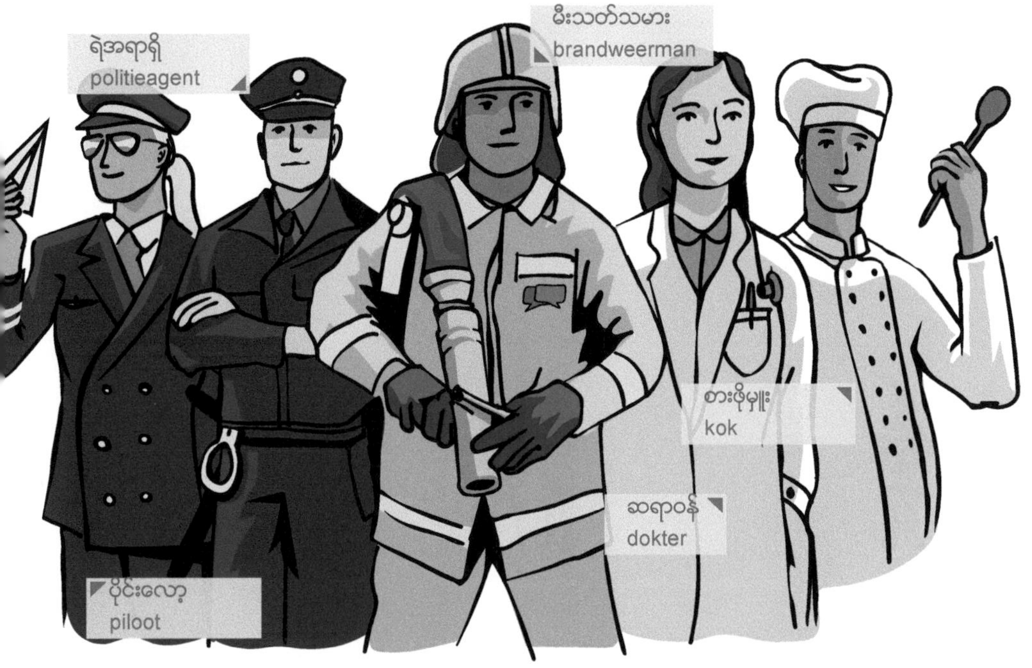

ရဲအရာရှိ
politieagent
မီးသတ်သမား
brandweerman
စားဖိုမှူး
kok
ဆရာဝန်
dokter
ပိုင်းလော့
piloot

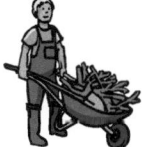

မာလီ

tuinman

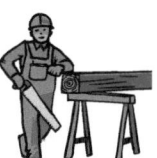

လက်သမား

timmerman

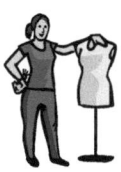

စက်ချုပ်သူ

naaister

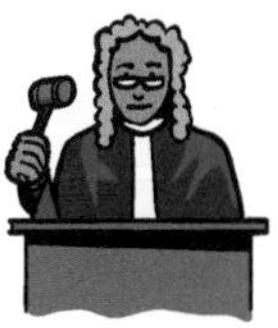

တရားသူကြီး

rechter

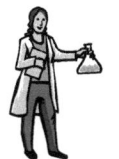

ဓာတုဗေဒပညာရှင်

scheikundige

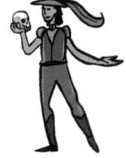

သရုပ်ဆောင်

toneelspeler

ဘတ်စ်ကားမောင်းသမား

buschauffeur

တက်စီမောင်းသူ

taxichauffeur

ငါးဖမ်းသမား

visser

သန့်ရှင်းရေး အလုပ်သမ

schoonmaakster

အမိုးပြင်သူ

dakdekker

စားပွဲထိုး

ober

အမဲလိုက်မုဆိုး

jager

ဆေးသုတ်သမား သို့မဟုတ်
ပန်းချီဆရာ

schilder

မုန့်ဖုတ်သမား

bakker

လျှပ်စစ်ပညာရှင်

elektricien

ဆောက်လုပ်ရေးသမား

bouwvakker

အင်ဂျင်နီယာ

ingenieur

သားသတ်သမား

slager

ပိုက်ဆက်ဆရာ

loodgieter

စာပို့သမား

postbode

စစ်သား

soldaat

ဖိသုကာပညာရှင်

architect

ငွေကိုင်

kassier

ပန်းပညာရှင်

bloemist

ဆံပင်အလှပြင်သူ

kapper

လက်မှတ်စစ်

conducteur

စက်ပြင်ဆရာ

monteur

ကပ္ပိတန်

kapitein

သွားဘက်ဆိုင်ရာ ဆရာဝန်

tandarts

သိပ္ပံပညာရှင်

wetenschapper

ရာဘိုင်

rabbi

မွတ်ဆလင် တရားဟောဆရာ

imam

ဘုန်းကြီး

monnik

တရားဟောဆရာ

pastoor

ကိရိယာ တန်ဆာပလာများ

gereedschap

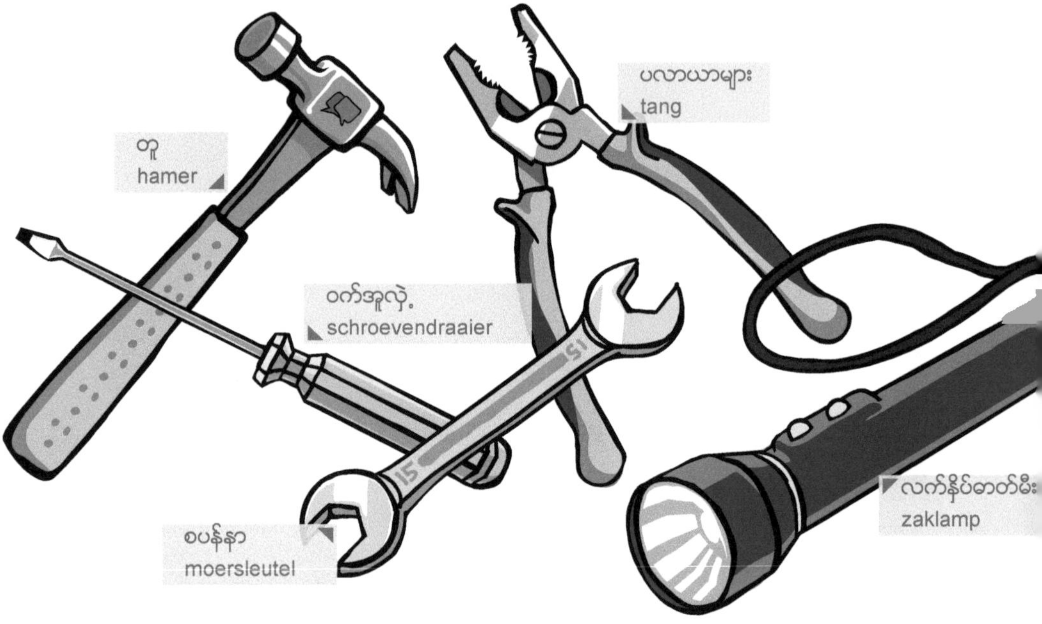
တူ
hamer
ပလာယာများ
tang
ဝက်အူလှည့်
schroevendraaier
စပန်နာ
moersleutel
လက်နှိပ်ဓာတ်မီး
zaklamp

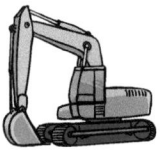

မြေတူးစက်

graafmachine

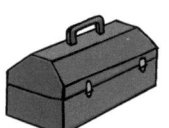

လက်သမားသုံးကိရိယာသေတ္တာ

gereedschapskist

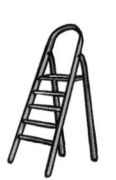

လှေကား

ladder

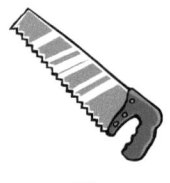

လွ

zaag

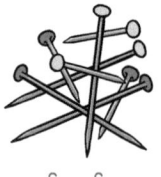

လက်သည်းများ

spijkers

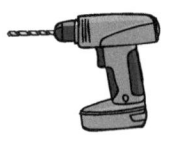

အပေါက်ဖောက်စက်

boor

ပြင်ဆင်သည်

repareren

ဂေါ်ပြား

schep

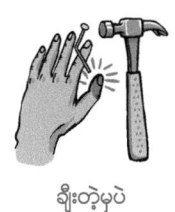

ချီးတဲ့မုပဲ

Verdorie!

ဖုန်ကျုံးသည့် ဂေါ်ပြား

stofblik

ဆေးရောင်အိုး

verfpot

ဝက်အူများ

schroeven

ဂီတတူရိယာများ
muziekinstrumenten

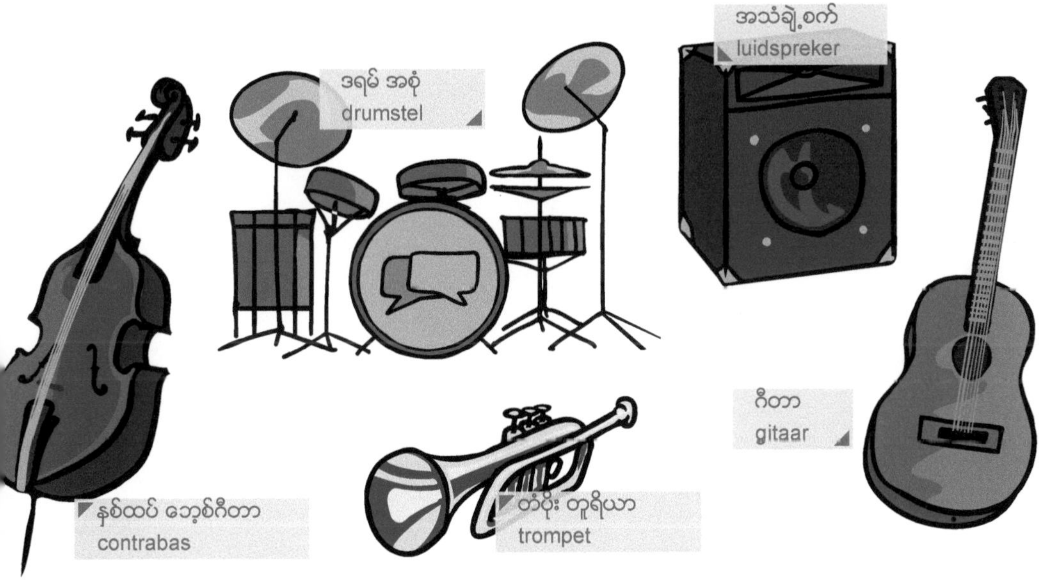

ဒရမ် အစုံ
drumstel

အသံချဲ့.စက်
luidspreker

ဂီတာ
gitaar

နှစ်ထပ် ဘေ့စ်ဂီတာ
contrabas

တံပိုး တူရိယာ
trompet

စန္တယား
....
piano

တယော
....
viool

ဘ့ေစ်ဂီတာ
....
bas

နားစည်အမြေးပါး
....
pauk

ဒရမ်များ
....
trommel

ကီးဘုတ် တူရိယာ
....
keyboard

ဆက်ဆိုဖုန်း ခေါ်
လေမှုတ်တူရိယာ
....
saxofoon

ပုလ္လွေ
....
fluit

စကားပြောစက်
....
microfoon

တိရိစ္ဆာန်ရုံ

dierentuin

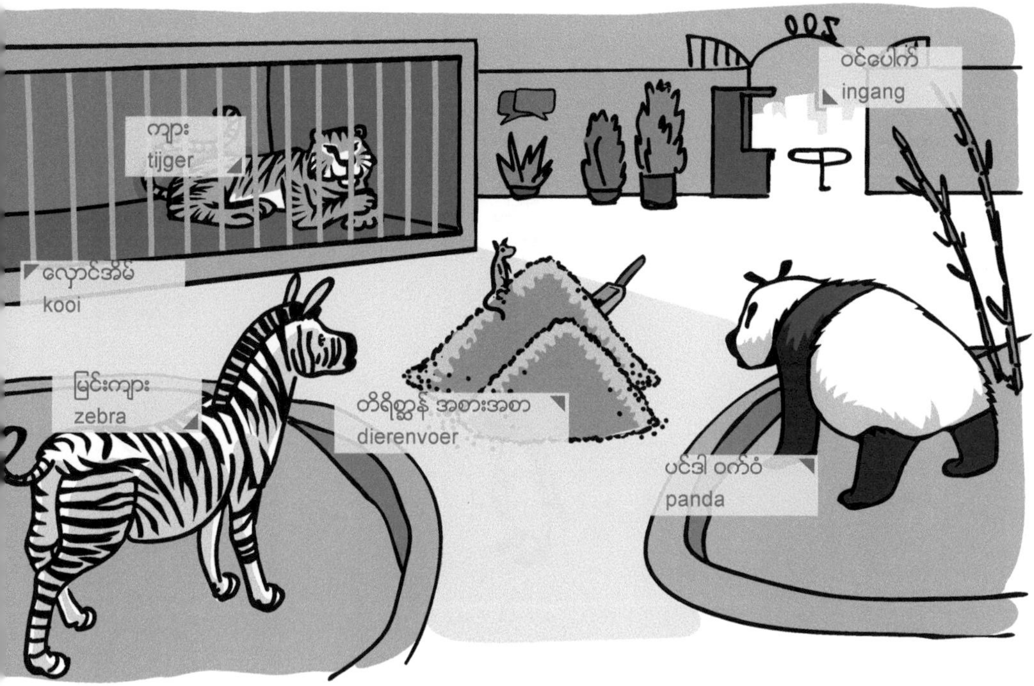
ဝင်ပေါက်
ingang
ကျား
tijger
လှောင်အိမ်
kooi
မြင်းကျား
zebra
တိရိစ္ဆာန် အစားအစာ
dierenvoer
ပင်ဒါ ဝက်ဝံ
panda

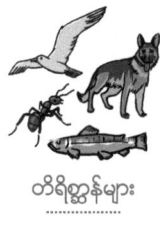

တိရိစ္ဆာန်များ

....

dieren

ဆင်

....

olifant

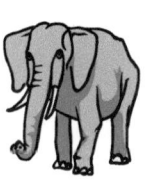

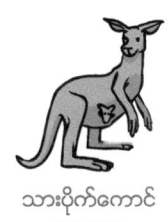

သားပိုက်ကောင်

....

kangoeroe

ကြံ့

....

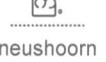

neushoorn

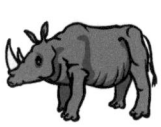

ဂေါ်ရီလာမျောက်

....

gorilla

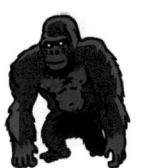

ဝက်ဝံ

....

beer

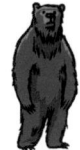

ကုလားအုတ်

kameel

ငှက်ကုလားအုတ်

struisvogel

ခြင်္သေ့

leeuw

မျောက်

aap

ဖလန်မင်းဂိုးငှက်

flamingo

ကြက်တူရွေး

papegaai

ပိုလာဝက်ဝံ

ijsbeer

ပင်ဂွင်းငှက်

pinguïn

ငါးမန်း

haai

ဥဒေါင်းငှက်

pauw

မြွေ

slang

မိချောင်း

krokodil

တိရိစ္ဆာန်ရုံ ထိန်းသိမ်းသူ

dierenverzorger

ဖျံ

zeehond

ကျားသစ်

jaguar

ပိုနီမြင်း

pony

ကျားသစ်

luipaard

ရေမြင်း

nijlpaard

သစ်ကုလားအုတ်

giraffe

သိန်းငှက်

adelaar

တောဝက်

wild zwijn

ငါး

vis

လိပ်

schildpad

ပင်လယ်ဖျံကြီး

walrus

ခမြေခွေး

vos

ဦးချိုပါ သမင်ညိုတစ်မျိုး

gazelle

အမေရိကန် ဖွတ်ဘော
American football

စက်ဘီးစီးခြင်း
wielrennen

တင်းနစ်ရိုက်ခြင်း
tennis

ဘတ်စကက်ဘော
basketbal

ရေကူးခြင်း
zwemmen

လက်ဝှေ့
boksen

ရေခဲပြင် ဟော်ကီ
ijshockey

ဘောလုံးကန်ခြင်း
voetbal

ကြက်တောင်ရိုက်ခြင်း
badminton

ကိုယ်လက်လှုပ်ရှား
အားကစားများ
atletiek

ဟန်းဒ်ဘော ခေါ် လက်ပစ်ဘော
handbal

နှင်းလျှောစီးခြင်း
skiën

ပိုလို
polo

လှုပ်ရှားမှုများ
activiteiten

ရယ်မောသည်
lachen
ခုန်သည်
springen
ပွေ့ဖက်သည်
knuffelen
လမ်းလျှောက်သည်
lopen
သီချင်းဆိုသည်
zingen
အိပ်မက်သည်
dromen
ဆုတောင်းသည်
bidden
နမ်းရှုပ်သည်
kussen

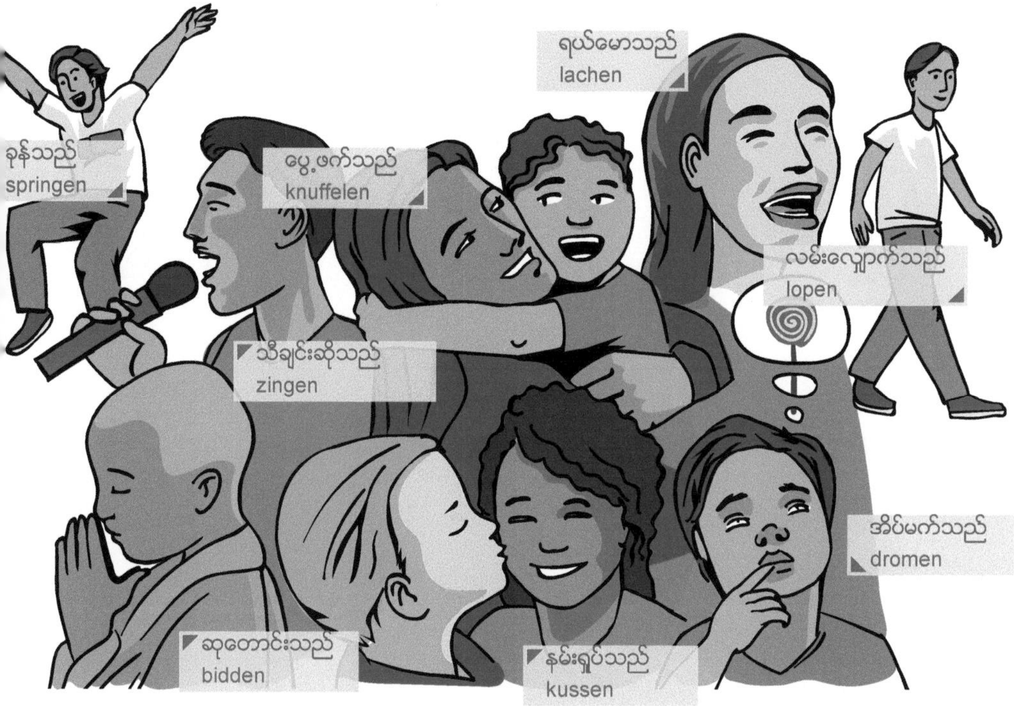

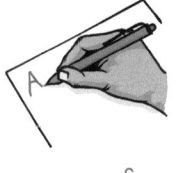

စာရေးသည်

schrijven

ရေးဆွဲသည်

tekenen

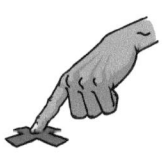

ပြသသည်

tonen

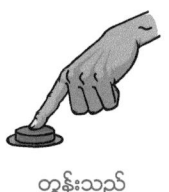

တွန်းသည်

duwen

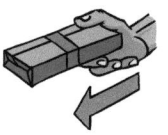

ပေးသည်

geven

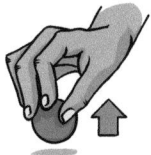

ယူသည်

oppakken

ရှိသည်

hebben

ပြုလုပ်သည်

doen

ဖြစ်သည်

zijn

မတ်တပ်ရပ်သည်

staan

ပြေးသည်

rennen

ဆွဲသည်

trekken

ပစ်သည်

gooien

လဲကျသည်

vallen

လိမ်လည်သည်

liggen

စောင့်ဆိုင်းသည်

wachten

သယ်ဆောင်သည်

dragen

ထိုင်သည်

zitten

အဝတ်အစားဝတ်သည်

aankleden

အိပ်သည်

slapen

အိပ်ယာမှ ထသည်

wakker worden

တစ်ခုခုကို ကြည့်ရှုသည်

bekijken

ငိုသည်

huilen

ပွတ်သပ်သည်

strelen

ဘီးဖီးသည်

kammen

စကားပြောသည်

praten

နားလည်သည်

begrijpen

မေးသည်

vragen

နားထောင်သည်

horen

သောက်သည်

drinken

စားသောက်သည်

eten

သပ်ရပ်အောင်လုပ်သည်

opruimen

ချစ်သည်

houden van

ချက်ပြုတ်သည်

koken

မောင်းသည်

rijden

ပျံသန်းသည်

vliegen

ရွက်လွှင့်သည်

zeilen

တွက်ပါ

rekenen

ဖတ်သည်

lezen

သင်ယူသည်

leren

အလုပ်လုပ်သည်

werken

လက်ထပ်သည်

trouwen

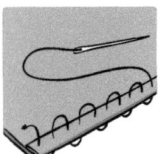

အပ်ချုပ်သည်

naaien

သွားတိုက်သည်

tandenpoetsen

သတ်သည်

doden

ဆေးလိပ်သောက်သည်

roken

ပို့သည်

verzenden

familie

အဖွား
rootmoeder

အဖိုး
grootvader

ဖခင်
vader

မိခင်
moeder

ကလေး
baby

သမီး
dochter

သား
zoon

ဧည့်သည်

gast

အဒေါ်

tante

ဦးလေး

oom

အစ်ကို

broer

အစ်မ

zus

ကိုယ်ခန္ဓာ
lichaam

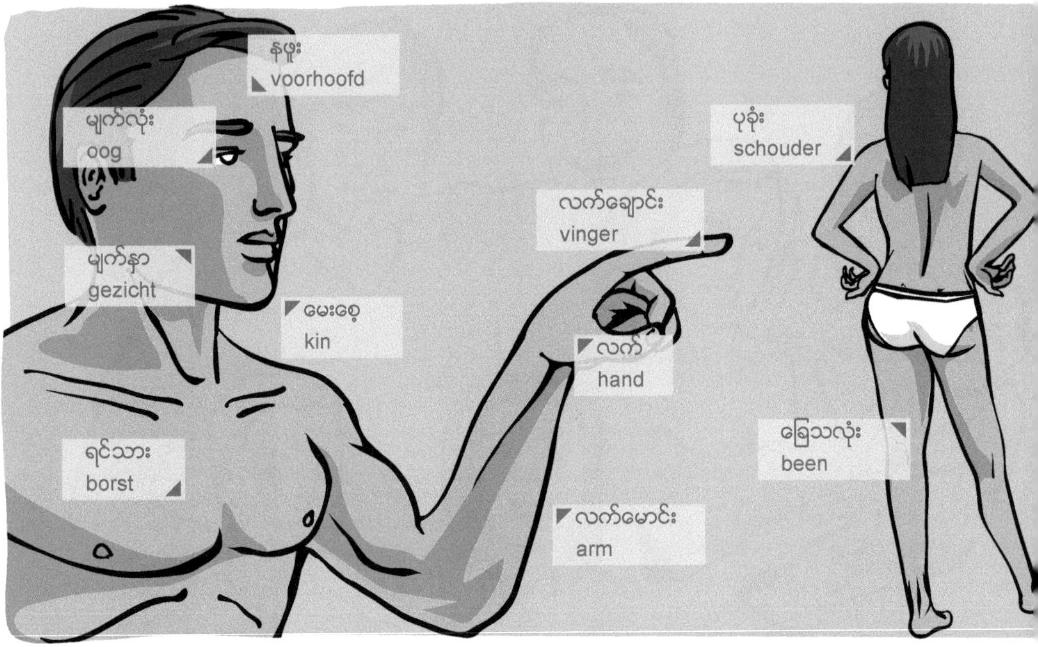

နဖူး
▸ voorhoofd

မျက်လုံး
oog

ပုခုံး
schouder ▸

လက်ချောင်း
vinger ▸

မျက်နှာ ▸
gezicht

▸ မေးစေ့
kin

▸ လက်
hand

ရင်သား
borst ▸

ခြေသာလုံး ▸
been

▸ လက်မောင်း
arm

ကလေး

baby

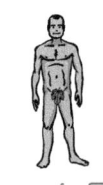

ယောက်ျားကြီး

man

အမျိုးသမီးကြီး

vrouw

မိန်းကလေး

meisje

ယောက်ျားလေး

jongen

ဦးခေါင်း

hoofd

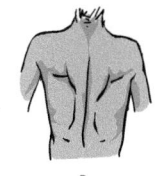

နောက်ကျော

rug

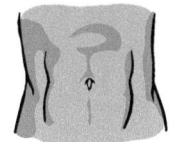

ဗိုက်

buik

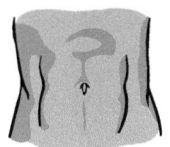

ချက်

navel

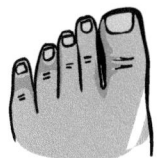

ခြေချောင်း

teen

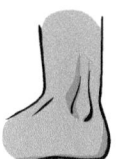

ဖနောင့်

hiel

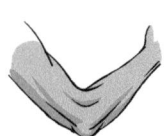

အရိုး

bot

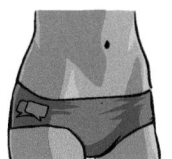

တင်ရိုး

heup

ဒူးခေါင်း

knie

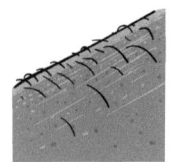

တံတောင်ဆစ်

elleboog

နှာခေါင်း

neus

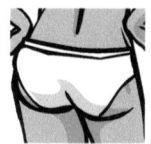

တင်ပါး

achterwerk

အရေပြား

huid

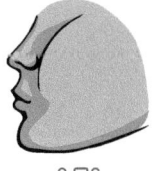

ပါးပြင်

wang

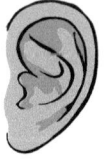

နား

oor

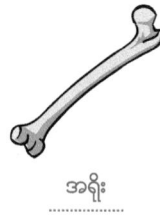

နှုတ်ခမ်း

lippen

ပါးစပ်

mond

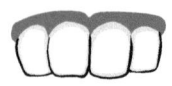

သွား

tand

လျှာ

tong

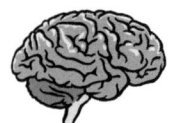

ဦးနှောက်

hersenen

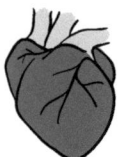

နှလုံး

hart

ကြွက်သား

spier

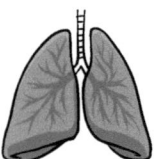

အဆုတ်

long

အသည်း

lever

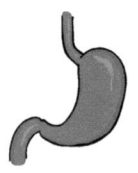

အစာအိမ်

maag

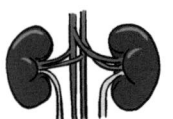

ကျောက်ကပ်များ

nieren

လိင်

geslachtsgemeenschap

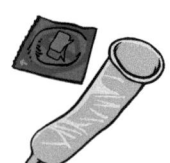

ကွန်ဒုံး

condoom

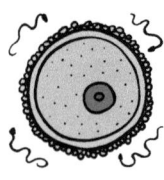

သားဥ

eicel

သုတ်ရည်

sperma

ကိုယ်ဝန်

zwangerschap

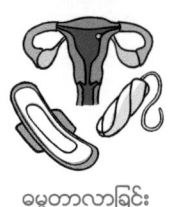

ဓမ္မတာလာခြင်း

menstruatie

မိန်းမကိုယ်

vagina

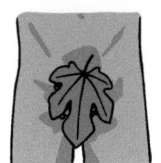

လိင်တံ

penis

မျက်ခုံး

wenkbrauw

ဆံပင်

haar

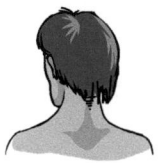

လည်ပင်း

hals

ဆေးရုံ

ziekenhuis

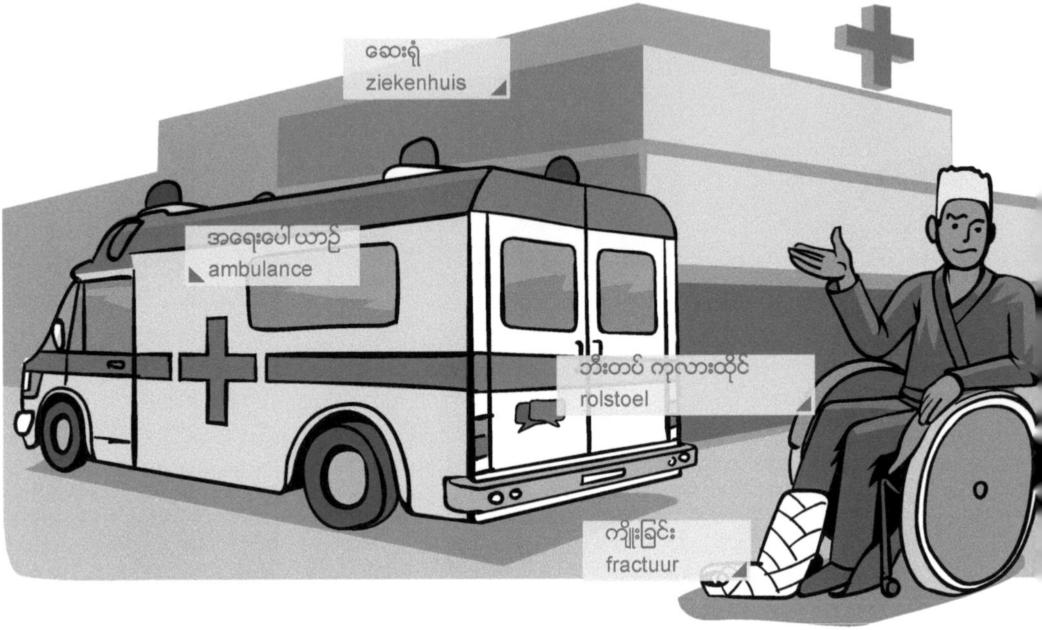

ဆေးရုံ
ziekenhuis
အရေးပေါ်ယာဉ်
ambulance
ဘီးတပ် ကုလားထိုင်
rolstoel
ကျိုးခြင်း
fractuur

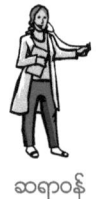

ဆရာဝန်

dokter

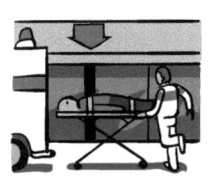

အရေးပေါ် ဆေးကုသခန်း

EHBO

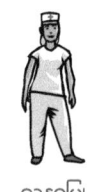

သူနာပြု

verpleegster

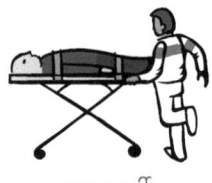

အရေးပေါ်

noodgeval

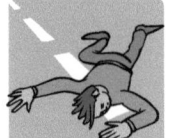

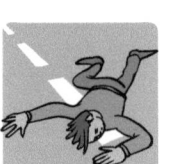

သတိလစ်ခြင်း

bewusteloos

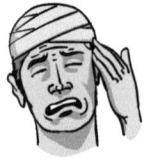

နာခြင်း

pijn

ဒဏ်ရာ

verwonding

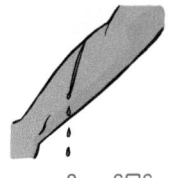

သွေးယိုထွက်ခြင်း

bloeding

နှလုံးရပ်ခြင်း

hartaanval

လေဖြတ်ခြင်း

beroerte

ဓာတ်မတည့်ခြင်း

allergie

ချောင်းဆိုးခြင်း

hoest

အဖျား

koorts

တုတ်ကွေးရောဂါ

griep

ဝမ်းပျက်ဝမ်းလျှောခြင်း

diarree

ခေါင်းကိုက်ခြင်း

hoofdpijn

ကင်ဆာရောဂါ

kanker

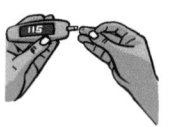

ဆီးချိုရောဂါ

diabetes

ခွဲစိတ်ဆရာဝန်

chirurg

ခွဲစိတ်ခန်းသုံးဓါးပါး

scalpel

ခွဲစိတ်ခြင်း

operatie

စီတီ
CT

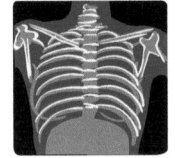

ဓာတ်မှန်
röntgen

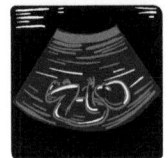

အာထရာဆောင်း
echografie

မျက်နှာဖုံး
gezichtsmasker

ရောဂါ
ziekte

စောင့်ဆိုင်းရန် အခန်း
wachtkamer

ချိုင်းထောက်
kruk

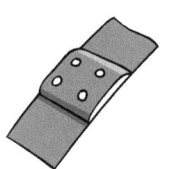

ပလာစတာ
pleister

ပတ်တီး
verband

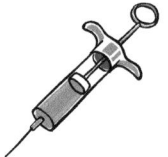

ထိုးဆေး
injectie

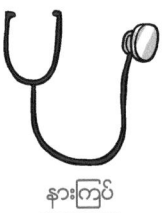

နားကြပ်
stethoscoop

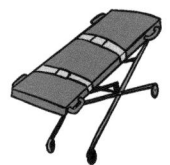

လူနာတင်ထမ်းစင်
brancard

ကုသရေးပိုင်းသုံး
အပူချိန်တိုင်းသာမိုမီတာ
thermometer

မွေးဖွားခြင်း
geboorte

အဝလွန်ခြင်း
overgewicht

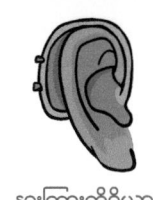

နားကြားကိရိယာ

gehoorapparaat

ပိုးသတ်ဆေး

ontsmettingsmiddel

ရောဂါကူးစက်ခြင်း

infectie

ဗိုင်းရပ်စ်ပိုး

virus

အိတ်ချ်အိုင်ဗွီ /
အေအိုင်ဒီအက်စ်

HIV / AIDS

ဆေးဝါး

medicijn

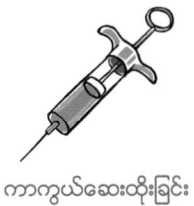

ကာကွယ်ဆေးထိုးခြင်း

inenting

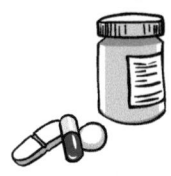

ဆေးလုံးများ

tabletten

ဆေးလုံး

pil

အရေးပေါ် ဖုန်းခေါ် ဆိုမှု

alarmnummer

ဓသွေးဖိအား ဖောင့်ကြည့်သည့်
ကိရိယာ

bloeddrukmeter

နာမကျန်းသော / ကျန်းမာသော

ziek / gezond

ကူညီကြပါ။

Help!

အရေးပေါ် ခေါင်းလောင်း

alarm

ရိုက်နက်သည်

overval

တိုက်ခိုက်သည်

aanval

အန္တရာယ်

gevaar

အရေးပေါ် ထွက်ပေါက်

nooduitgang

မီး။

Brand!

မီးသတ်ပူး

brandblusser

မတော်တဆဖြစ်ရပ်

ongeluk

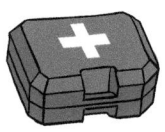

ကြက်ခြေနီ ဆေးပုံး

EHBO-koffer

အက်စ်အိုအက်စ်

SOS

ရဲ

politie

ဥရောပတိုက်

Europa

မြောက်အမေရိကတိုက်

Noord-Amerika

တောင်အမေရိကတိုက်

Zuid-Amerika

အာဖရိကတိုက်

Afrika

အာရှတိုက်

Azië

သြစတြေးလျတိုက်

Australië

အတ္တလန္တိတ် သမုဒ္ဒရာ

Atlantische Oceaan

ပစိဖိတ် သမုဒ္ဒရာ

Stille Oceaan

အိန္ဒိယ သမုဒ္ဒရာ

Indische Oceaan

အွန္တာတိတ် သမုဒ္ဒရာ

Zuidelijke Oceaan

အာတိတ် သမုဒ္ဒရာ

Noordelijke IJszee

မြောက်ဝင်ရိုးစွန်း

Noordpool

တောင်ဝင်ရိုးစွန်း
....
Zuidpool

အန္တာတိကတိုက်
....
Antarctica

ကမ္ဘာမြေကြီး
....
aarde

ကုန်းမြေ
....
land

ပင်လယ်
....
zee

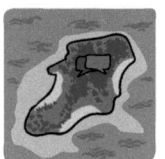

ကျွန်း
....
eiland

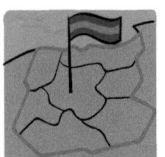

နိုင်ငံကူးလက်မှတ်
....
natie

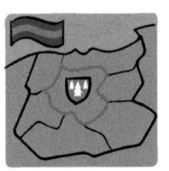

ပြည်နယ်
....
staat

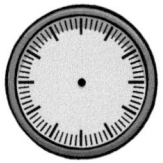

နာရီမျက်နှာပြင်

wijzerplaat

နာရီလက်တံ

uurwijzer

မိနစ်လက်တံ

minutenwijzer

ဒုတိယလက်တံ

secondewijzer

ဘယ်အချိန်ရှိနေပြီလဲ။

Hoe laat is het?

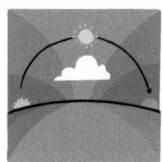

ရက်

dag

အချိန်

tijd

ယခု

nu

ဒစ်ဂျစ်တယ် လက်ပတ်နာရီ

digitaal horloge

မိနစ်

minuut

နာရီ

uur

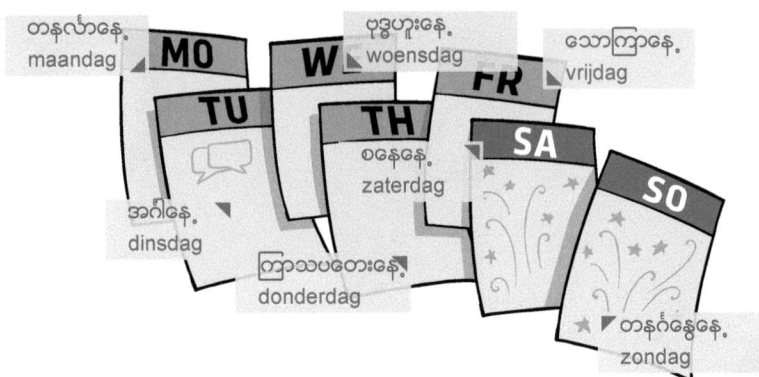

တနင်္လာနေ့ maandag

ဗုဒ္ဓဟူးနေ့ woensdag

သောကြာနေ့ vrijdag

အင်္ဂါနေ့ dinsdag

ကြာသပတေးနေ့ donderdag

စနေနေ့ zaterdag

တနင်္ဂနွေနေ့ zondag

မနေ့က
gisteren

ယနေ့
vandaag

မနက်ဖြန်
morgen

မနက်
ochtend

နေ့လည်
middag

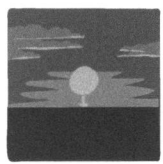

ညနေ
avond

အလုပ်လုပ်ရက်များ
werkdagen

စနေ တနင်္ဂနွေ အားလပ်ရက်
weekend

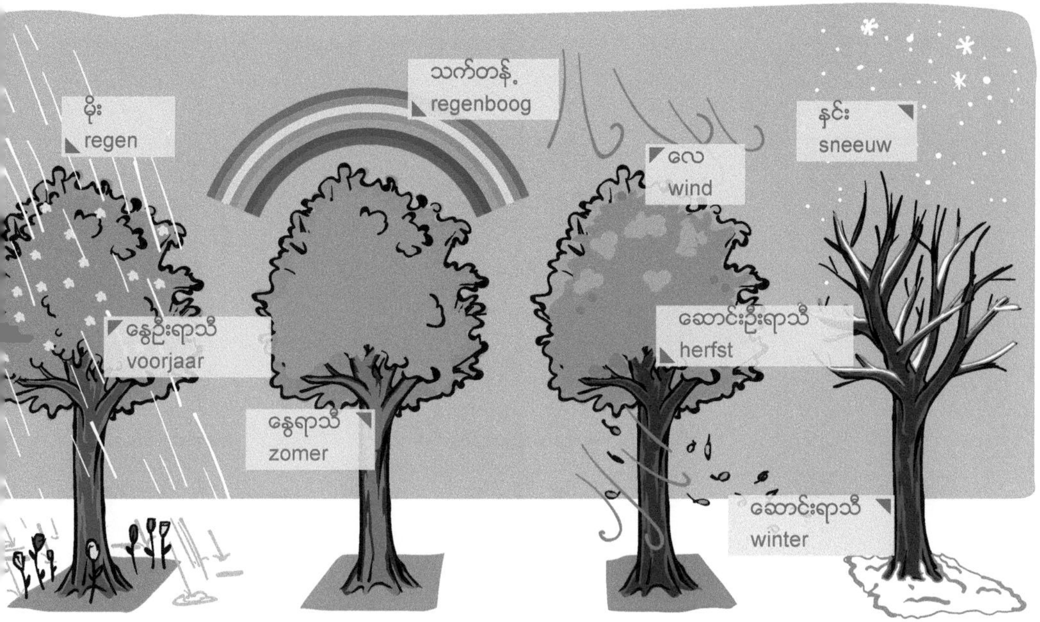

မိုး
regen
သက်တန့်
regenboog
နှင်း
sneeuw
လေ
wind
နွေဦးရာသီ
voorjaar
ဆောင်းဦးရာသီ
herfst
နွေရာသီ
zomer
ဆောင်းရာသီ
winter

4.APRIL 11°
5.APRIL 4°
6.APRIL 13°
7.APRIL 8°
8.APRIL 10°

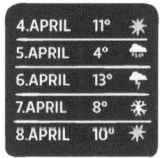

လဝသ ကြိုတင်ခန့်မှန်းချက်

weerbericht

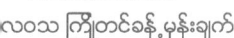

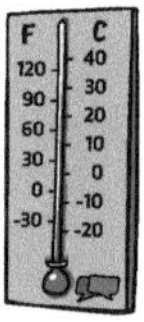

F C
120 40
90 30
60 20
30 10
0 0
-30 -10
-20

အပူချိန်တိုင်း ကိရိယာ

thermometer

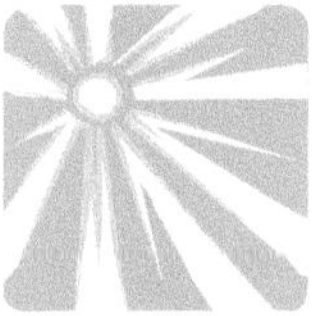

နေရောင်ခြည်

zonneschijn

တိမ်

wolk

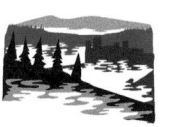

မြူ

mist

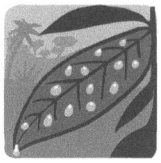

စိုထိုင်းဆ

luchtvochtigheid

လျှပ်စီးလက်ခြင်း

bliksem

မိုးကြိုး

donder

မုန်တိုင်း

storm

မိုးသီး

hagel

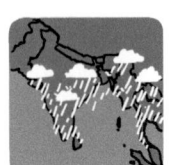

မိုးရာသီ

moesson

ရေကြီးခြင်း

overstroming

ရေခဲ

ijs

ဇန်နဝါရီလ

januari

ဖေဖော်ဝါရီလ

februari

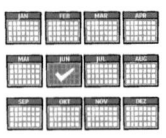

မတ်လ

maart

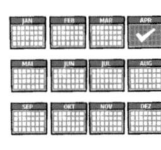

ဧပြီလ

april

မေလ

mei

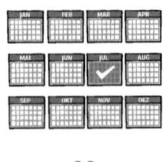

ဇွန်လ

juni

ဇူလိုင်လ

juli

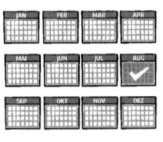

သြဂုတ်လ

augustus

နှစ် - jaar

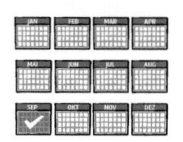

စက်တင်ဘာလ
....
september

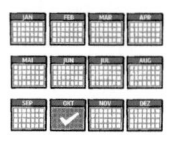

အောက်တိုဘာလ
....
oktober

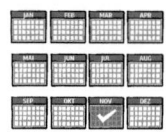

နိုဝင်ဘာလ
....
november

ဒီဇင်ဘာလ
....
december

ပုံစံများ

vormen

စက်ဝိုင်း
....
cirkel

စတုရန်း
....
vierkant

ထောင့်မှန်စတုဂံ
....
rechthoek

တြိဂံ
....
driehoek

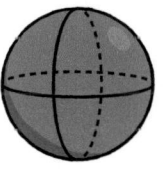

စက်ဝန်း
....
bol

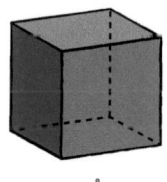

အတုံး
....
kubus

အဖြူရောင်

wit

အဝါရောင်

geel

လိမ္မော်ရောင်

oranje

ပန်းရောင်

roze

အနီရောင်

rood

ခရမ်းရောင်

paars

အပြာရောင်

blauw

အစိမ်းရောင်

groen

အညိုရောင်

bruin

မီးခိုးရောင်

grijs

အနက်ရောင်

zwart

ခုများအပြား / အနည်းငယ်

veel / weinig

စိတ်ဆိုးသော /
စိတ်တည်ငြိမ်သော

boos / rustig

လှပသော / ရုပ်ဆိုးသော

mooi / lelijk

အစ / အဆုံး

begin / einde

အကြီးသော / အငယ်

groot / klein

တောက်ပသော / မှောင်မဲသော

licht / donker

ညီအစ်ကို / ညီအစ်မ

broer / zus

သန့်ရှင်းသော / ညစ်ပတ်သော

schoon / vies

ပြည့်စုံသော / မပြည့်စုံသော

volledig / onvolledig

နေ့ / ည

dag/ nacht

သေသော / ရှင်သော

dood / levend

ကျယ်သော / ကျဉ်းသော

breed / smal

စားသုံးနိုင်သော /
မစားသုံးနိုင်သော

eetbaar / oneetbaar

စိတ်ယုတ်သော / ကြင်နာသော

gemeen / aardig

စိတ်လှုပ်ရှားဖွယ် / ပျင်းရိဖွယ်

opgewonden / verveeld

ဝသော / ပိန်သော

dik / dun

ပထမ / နောက်ဆုံးပိတ်

eerste / laatste

မိတ်ဆွေ / ရန်သူ

vriend / vijand

အပြည့် / ဘာမှမရှိ

vol / leeg

မာသော / ပျော့သော

hard / zacht

လေးလံသော / ပေါ့ပါးသော

zwaar / licht

ဆာလောင်သော / ရေဆာသော

honger / dorst

နာမကျန်းသော / ကျန်းမာသော

ziek / gezond

တရားမဝင်သော /
တရားဝင်သော
illegaal / legaal

ဉာဏ်ကောင်းသော /
ထိုင်းသော
intelligent / dom

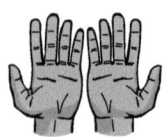

ဘယ် / ညာ

links / rechts

နီးသော / ဝေးသော

dichtbij / ver

အသစ် / အသုံးပြုပြီးသား
nieuw / gebruikt

ဘာမှမရှိ / တစ်ခုခု
niets / iets

အသက်ကြီးသော /
ငယ်ရွယ်သော
oud / jong

ဖွင့်သော / ပိတ်သော
aan / uit

ဖွင့်သော / ပိတ်သော
open / gesloten

တိတ်ဆိတ် / ကျယ်လောင်
zacht / luid

ချမ်းသာ / ဆင်းရဲ
rijk / arm

အမှန် / အမှား
goed / fout

ကြမ်းတမ်း / ချောမွေ့
ruw / glad

ဝမ်းနည်း / ဝမ်းသာ
verdrietig / gelukkig

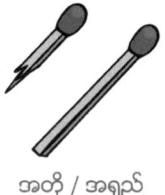

အတို / အရှည်
kort / lang

အနေး / အမြန်
langzaam / snel

က်သော / ခြောက်သွေ့သော
nat / droog

နွေးထွေးသော / အေးမြသော
warm / koel

စစ် / ငြိမ်းချမ်းရေး
oorlog / vrede

0	**1**	**2**
သုည	တစ်	နှစ်
nul	één	twee
3	**4**	**5**
သုံး	လေး	ငါး
drie	vier	vijf
6	**7**	**8**
ခြောက်	ခုနစ်	ရှစ်
zes	zeven	acht
9	**10**	**11**
ကိုး	တစ်ဆယ်	ဆယ့်တစ်
negen	tien	elf

12
ဆယ့်နှစ်
twaalf

13
ဆယ့်သုံး
dertien

14
ဆယ့်လေး
veertien

15
ဆယ့်ငါး
vijftien

16
ဆယ့်ခြောက်
zestien

17
ဆယ့်ခုနစ်
zeventien

18
ဆယ့်ရှစ်
achttien

19
ဆယ့်ကိုး
negentien

20
နှစ်ဆယ်
twintig

100
ရာ
honderd

1.000
ထောင်
duizend

1.000.000
မီလျံ
miljoen

အင်္ဂလိပ် ဘာသာစကား
Engels

အမေရိကန် အင်္ဂလိပ်
ဘာသာစကား
Amerikaans Engels

တရုတ် မန်ဒရင်း ဘာသာစကား
Chinees Mandarijn

ဟိန္ဒူ ဘာသာစကား
Hindi

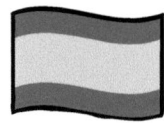

စပိန် ဘာသာစကား
Spaans

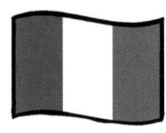

ပြင်သစ် ဘာသာစကား
Frans

အာရာဗီ ဘာသာစကား
Arabisch

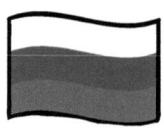

ရုရှ ဘာသာစကား
Russisch

ပေါ်တူဂီ ဘာသာစကား
Portugees

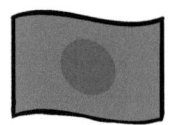

ဘင်္ဂါလီ ဘာသာစကား
Bengalees

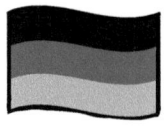

ဂျာမန် ဘာသာစကား
Duits

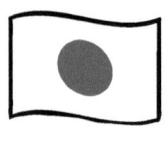

ဂျပန် ဘာသာစကား
Japans

ကျွန်ုပ်

ik

သင်

jij

သူ / သူမ / ၎င်း

hij / zij / het

ကျွန်ုပ်တို့

wij

သင်တို့

jullie

သူတို့

zij

ဘယ်သူလဲ။

wie?

ဘာလဲ။

wat?

ဘယ်လိုလဲ။

hoe?

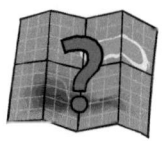

ဘယ်နေရာလဲ။

waar?

ဘယ်အချိန်လဲ။

wanneer?

အမည်

naam

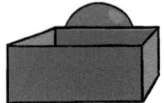

အနောက်ဖက်

achter

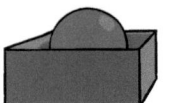

အတွင်း

in

အရှေ့ဖက်

voor

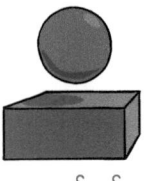

အထက်ဖက်

boven

အပေါ်ဖက်

op

အောက်ဖက်

onder

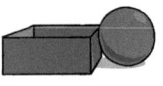

ဘေးဖက်

naast

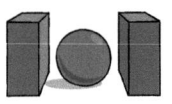

ကြား

tussen

နေရာ

plaats